COURTS CIRCUITS

NOUS
QUI SOMMES
DEVENUS
LE MAUVAIS
TEMPS

Du même auteur

Comme si c'était moi
(Seuil, 2004)

Petit lexique amoureux du théâtre
(Stock, 2009 ; Le Livre de poche, 2011)

Mémé
(L'Iconoclaste, 2014)

Cher François, lettres ouvertes à toi, Président
(Flammarion, 2015)

Thank you, Shakespeare !
(Flammarion, 2016)

COURTS CIRCUITS

PHILIPPE TORRETON

NOUS QUI SOMMES DEVENUS LE MAUVAIS TEMPS

cherche midi

Vous pouvez consulter notre catalogue général
et l'annonce de nos prochaines parutions
sur notre site :

www.cherche-midi.com

Direction éditoriale :
Ariane Molkhou

Conception graphique :
Mickaël Cunha

Photo couverture :
©Laurent Capmas
Festival du film de La Réunion

30, place d'Italie
75013 Paris

Mis en pages par IGS-CP
Dépôt légal : février 2018
ISBN 978-2-7491-5774-0

À Gérald Désir

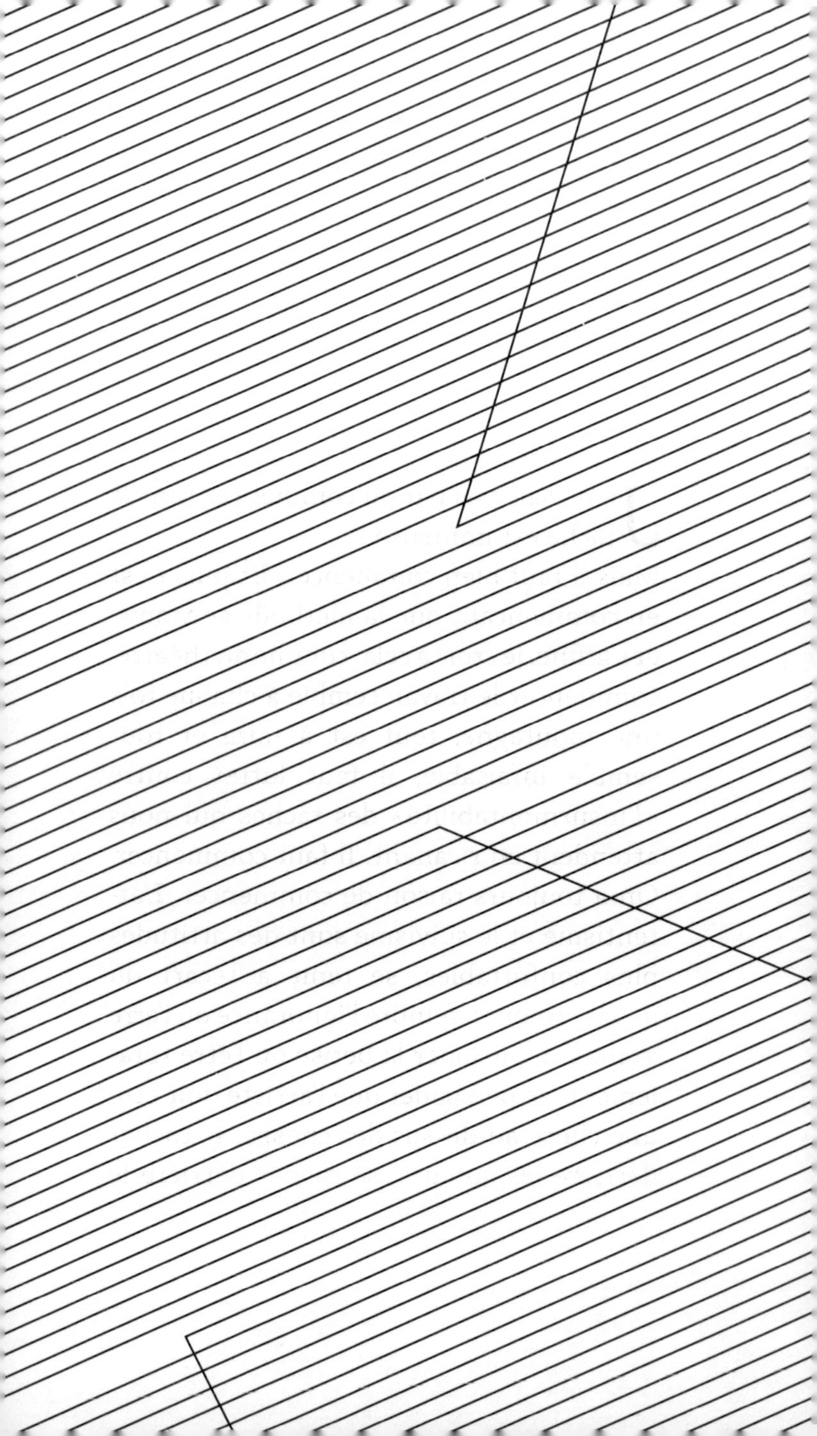

Je ne sais pas par où commencer tant la tâche est immense.
Mais il faut bien commencer. Et puis c'est en commençant que la méthode se trouve et s'affine, je crois à cela, comme au théâtre, commencer le travail semble à chaque fois une montagne, tout est à faire et tout semble infaisable, il faut lutter contre « l'insurmontabilité » des tâches qui nous attendent en ricanant. Il faut commencer. On a toujours raison de commencer. L'attentisme et le suivisme sont des attitudes plus confortables, se tenir à l'écart du débat en cours, feindre l'ignorance ou l'être vraiment, surjouer la bêtise ou l'être totalement, se persuader que l'artiste doit être une chose au-dessus des choses, se cacher derrière les auteurs, se cacher derrière le

rire dont les gens auraient tant besoin. Je reste pourtant convaincu que la démocratie se porte d'autant mieux que le débat politique est plus riche et diversifié, il est donc nécessaire que le peuple en prenne sa part, librement, comme un geste naturel, en son nom, pas en répétant le prémâché des professionnels de la chose. Et puis nous n'avons plus le temps de ces débats confortables, aujourd'hui tout le monde doit s'y mettre. Maintenant est venu le temps du monde fini, épuisable, le temps de la consommation culpabilisante. Il y a encore quelques dizaines d'années nous pouvions, non sans une bonne dose de mauvaise foi malgré tout, consommer et nous lécher les doigts en ignorant l'impact de notre soif d'achat et de sucre sur notre corps et le monde. Maintenant ce temps-là est révolu. Nous savons.
Nous tuons et nous savons.
Tout ce que nous faisons tue. De la pâte à tartiner à l'huile de palme à la clef de contact.

Notre mode de vie s'est constitué et se poursuit au détriment des autres.
Ce que nous apportons en échange ne pèse pas lourd.
Jamais autant de plantes, d'insectes, d'animaux en tout genre n'ont disparu avec une telle rapidité. La biodiversité humaine s'appauvrit également, chaque jour qui passe voit disparaître des langues, des cultures, la mémoire, l'homme moderne est un nuage de criquets, il dévore tout, y compris lui-même, pour assouvir son inextinguible soif de développement. Et le paradoxe dans tout cela est que nous vivons mal, nous tuons chez nous également, nous détruisons systématiquement ce que des lendemains de guerres dévastatrices ont tenté de construire pour bâtir des mondes plus justes et plus sécurisants.
Je suis citoyen d'un pays, un petit pays, un bout d'Europe, une proue, un visage au nez de beaupré tendu vers le large, un petit pays qui a 43 grands frères plus larges d'épaules et qui pourtant, à force de batailler et de

jouer des coudes, est parvenu à se hisser à la 5e place au grand concours des nations triomphantes, je suis citoyen d'un pays que l'on dit avec fierté, étonnement, indignation, colère ou volontarisme être la 5e puissance du monde. Classement flatteur, si tous les pays du monde s'alignaient pour un 100 mètres, il arriverait 5e, pas mal. On est contents.
Mais…

Je suis instituteur et même si ce terme n'existe plus, j'y tiens, professeur des écoles ça ne veut rien dire, c'est comme référant bondissant, je préfère dire ballon, ballon tout le monde comprend, je n'enseigne pas aux écoles en culottes courtes, j'enseigne aux gosses. Dans ma classe, quand je les regarde avec ce regard qui fait voir la vie derrière la vie et auquel on met fin en secouant brusquement la tête, je sais d'avance que nous allons en laisser les trois quarts sur le bas-côté, ça se voit sur leurs têtes d'enfance, la molle bêtise des adultes y imprime déjà ses traces, je vois la télé allumée en permanence dans leurs yeux, leurs petites joues déjà gonflées par la bouffe qui rend gros, l'abandon pendant les apéros des parents, les coups de gueule excédés, toute cette malchance qui se sème comme une mauvaise herbe, cette vie en tee-shirt Mickey et survêtement Spiderman, le manque de livres, cette musique qui ne sortira jamais d'un instrument fraîchement « déhoussé »,

ce scorbut culturel je l'ai devant moi tous les jours. Ma classe est une plage et je peux, presque sans me tromper, n'en déplaise à la fameuse résilience qui rassure la bonne conscience, vous dire qui se fera bouffer par les oiseaux de mer et qui gagnera le large.
Avant ça me tordait le bide toute cette malchance qui s'étale et prend ses aises sur cet avenir en herbe, j'en chialais dans les bras de ma chérie qui concluait souvent en me disant qu'il fallait que je me « fasse aider ». Les réformes se suivent, on passe un temps fou à les déchiffrer, des réformes en principe faites pour nous mais que l'on met des mois à comprendre et analyser. J'ai l'impression que l'on tourne autour du pot, on ravale les façades, comme les immeubles de la cité d'à côté, de loin ça fait mieux, mais au-dedans du dedans l'ascenseur social est toujours bien crado et en panne. J'ai envie de hurler qu'on nous fiche la paix pendant quelque temps, mon rêve serait un quinquennat blanc, cinq ans

sans ministre de l'Éducation nationale, qu'on nous lâche la grappe. Occupez-vous du chômage, des cités pourries, de l'économie parallèle, de l'insécurité et nous on s'occupe de l'école, enseigner c'est ma vie, tenir une classe c'est mon orgueil, à chaque rentrée on nous change des trucs, je n'en peux plus. Ces réformes d'apprentis alchimistes qui cherchent à transmuter le manque de moyens en principe pédagogique, l'impuissance en réactivité, ça suffit. Je suis fasciné par la méthode Montessori, plus jeune j'ai fait de *Libres enfants de Summerhill* d'A. S. Neill mon livre de chevet au sens propre du terme, je ne m'endormais jamais sans en lire et relire dix pages, lorsque Céline Alvarez est sortie du bois, je faisais partie des enseignants qui reprenaient soudainement espoir, les interclasses s'animaient un peu, on s'engueulait pédagogique au lieu de se congratuler *Télérama*. Je voulais créer mes propres outils éducatifs, je partais du réel, celui des mômes et celui de l'enseignant et

on fait avec, c'était ça, ma méthode, faire feu de tout bois mais avec le bois ramassé par terre autour de l'école. Aujourd'hui l'Éducation nationale se fout de savoir qui tu es toi qui veux enseigner, alors que pour moi c'est la seule question à se poser réellement, qui es-tu toi qui vas t'occuper de mon gosse pendant que je travaille ?
As-tu une passion ? Es-tu sportif ? As-tu déjà vu une vache vêler ? Sais-tu plonger de 3 mètres ? Planter un clou, rempoter une plante, reconnaître la main de l'adulte dans les yeux tristes de l'enfance ? Aimes-tu les Indiens ? Es-tu un guerrier ? Sais-tu chialer en écoutant Bach ? Pourrais-tu arracher une étoile jaune sur un manteau gris ?
J'ai arrêté de proposer des activités depuis longtemps, j'en avais marre que tout soit toujours inextricablement compliqué, d'arpenter des couloirs de soupirs, des refus scotchés dans le dos comme des poissons d'avril, d'entendre ma directrice se référer à des textes qu'elle ne comprend pas, d'entendre des collègues tels

« Je vois toute cette malchance comme une mauvaise herbe, ce scorbut culturel je l'ai devant moi. »

des chiens pavloviens opposer la culture aux matières dites sérieuses. J'en avais assez de passer au mieux pour un chieur, au pire pour un idéaliste, mais mon idéalisme d'aujourd'hui m'aurait rangé chez les bourgeois cathos des années 1970. Lorsque je m'attarde le soir avec mon voisin, professeur de français à la retraite qui me tousse son cancer lorsque je le fais rire, je me dis que je suis né trop tard, il me raconte son club théâtre, les répétitions le soir jusqu'à des 22 heures, les déplacements en voiture perso avec des élèves, les week-ends au bord de la mer en sacs de couchage mouillés et guitares sèches pour chanter Graeme Allwright et Jacques Higelin, les séances de cinéma dans la salle polyvalente du collège avec *Z* de Costa-Gavras et *Raging Bull* de Scorsese projetés bruyamment, la lumière du projecteur comme le sillage d'un navire dans un océan de mômes, la cantine transformée en salle de cinoche et qui recevait un peu plus tard la troupe du coin voulant initier ses collégiens à la distanciation brechtienne. Toute cette créativité scolaire exigeante et tonique qui ferait s'étrangler le plus hardi des principaux d'aujourd'hui. Il me parle de son actrice préférée, une célébrité passée par son club théâtre, sa fierté, et c'est là en général qu'une larme lui coule. Nous, on a des pauses méridiennes que l'on sous-traite avec des animateurs pour la plupart aussi matures que nos élèves, ils nous pondent des chorégraphies immondes aux beaux jours, des play-back crachés et des fresques murales à la con, le tout dans un brouhaha insupportable. Avec Virginie, une collègue sous traitement, on observe ça du fond en évitant de croiser les regards des quelques parents qui s'attendaient à autre chose, on se dit qu'on les prépare aux soirées dansantes des campings avec le gars Patrick, à la télé qui ricane tout le temps, aux stand-up, au cumul de points de consommation, aux commandes sur Amazon, à la presse gratuite… Mais j'enseigne aux enfants de la 5e puissance mondiale et je tourne la clef de ma Twingo-MAIF avec un petit sursaut de fierté…

Je suis dans le RER, il est lent ce matin et ça ne m'arrange pas. Pour être tout à fait honnête il serait rapide que ça ne m'arrangerait pas non plus, quand on est en retard on est en retard, quand je suis du matin, enfin du milieu de matinée, je croise mes gosses au petit déjeuner et je n'aime pas ça, je ne peux pas aimer ça, je n'ai pas le temps d'aimer ça, ils ont trois mille choses à me dire, des trucs à me faire signer, de l'argent à me demander pour acheter des choses hyper-importantes qu'ils auraient déjà dû acheter depuis une semaine, toute cette vie qui file sans moi, que je n'ai pas le temps de vérifier ou mal, en gueulant, je fais ce que je peux pour me concentrer, pour répondre aux « m'man » mais dans ma tête je suis à l'hôpital, je suis au 1er étage à pousser mes chariots, à découvrir l'ampleur des tâches et les difficultés de la journée, à essayer de faire le partage des eaux entre l'administratif à me fader et le temps passé auprès des malades.

Faire des calculs. Je passe mes journées à calculer, les sous d'un côté et les soins de l'autre, ils ont réussi à faire de nous un monstre à deux têtes qui soigne et qui compte. Chaque année, le désert administratif avance, il ronge le temps que je peux passer avec les patients. Je calcule, ce n'est pas de la science exacte mais ça me donne un rythme dans la tête, frapper à la porte avant d'entrer, se forcer à attendre la réponse pour ouvrir, dire bonjour comment ça va aujourd'hui ? Prendre deux ou trois secondes pour regarder vraiment le patient après lui avoir posé cette question rituelle, ne pas tout de suite faire ce qu'on a à faire même si on est à la bourre, donner l'impression que l'on vient le voir lui, pas un autre, sinon on n'est pas loin de l'étable à vaches avec ses alignements de culs croûtés de bouse, autant nous coller une brouette et de la paille. Rester une minute, au moins une minute par malade, en dessous j'ai l'impression d'être une technicienne de surface humaine, pas une infirmière. En dessous de la minute, je suis sûre de passer à côté de quelque chose. C'est ça qui m'obsède, passer à côté, un jour je vais forcément laisser passer un truc, c'est obligé, on a trop de choses à faire, je vais faire une erreur, je le sais, je vais me tromper de seringue, de dosage, de patient, je vais oublier une pilule, c'est pour ça que je calcule tout, ça m'oblige à être vigilante, je m'oblige à me surveiller en permanence, à lutter contre l'automatisme, la fatigue qui fait battre mon cœur, si un jour je me trompe et si mon erreur fait mourir un patient avant l'heure je ne m'en remettrai jamais, ils ne me verront pas au tribunal, je sais déjà ce que je prendrai, pas question de me retrouver seule à la barre, si on met de la graisse sur le fil du funambule il y a de fortes chances qu'il tombe, ça ne fait pas de lui pour autant un maladroit, une fille qui dort debout en blouse blanche et qui finit par se tromper n'est pas coupable, nous sommes une population pratique.

Il faut faire des économies, 1 milliard par an paraît-il, il y a un an on était dans la rue, malheureusement c'était le jour des élections américaines, j'aimerais connaître le nom des imbéciles à la coordination syndicale qui ont décidé de la date, nous étions des dizaines de milliers à ne pas vouloir se défenestrer, à revendiquer nos statuts et nos missions mais Trump nous a écrasés. Marisol Touraine en a profité pour prendre le ballon et botter en touche pour dégager son camp.
Dans cette gestion de l'humain en flux tendu, le moindre accroc, parents, enfants, banque, vol du portable, crise dans le couple, et bien sûr l'hôpital, peut faire basculer n'importe laquelle d'entre nous dans le drame. Il nous manque un général en chef qui sortirait de sa réserve pour s'offusquer de son budget en baisse, c'est fou quand on y pense, l'armée prépare la guerre pour préserver la paix, comme ils disent, elle s'entraîne à tuer même si elle préfère dire *neutraliser*, et on préserve son budget après un psycho-

drame pathétique un peu avant le 14 Juillet, nous on use notre vie à soigner, prévenir, protéger, rassurer et accompagner lorsque la médecine baisse les bras, et on doit faire des économies, gratter encore et toujours, même quand on voit l'os.

Un jour il faudra qu'on m'explique ces choix de société, vraiment, les yeux dans les yeux.

Il y a eu des élections, je ne connais pas la nouvelle, Agnès Buzyn, elle est de la boutique visiblement, personnellement je n'attends rien de toute façon, comme ça je ne serai pas déçue, elle est discrète et elle a raison, quand on ne peut rien faire il vaut mieux être discret, c'est ce qu'on reproche le plus à Marisol, d'avoir fait la maligne, celle qui comprend et qui se bouge alors qu'elle n'avait rien à proposer, quand on n'a aucune marge de manœuvre on fait le gros dos et on ferme sa gueule. Cela s'appelle la pudeur.

Nous sommes plus de 550 000, quand même c'est beaucoup, unis, on ferait peur à tout le monde, je dis ça et je ne suis pas syndiquée, ils m'énervent, ils ne sont jamais d'accord, je partage plein de choses avec l'ensemble des syndicats mais je n'arrive pas à mettre tous mes œufs dans le même panier, et puis c'est à eux d'avoir le courage et l'intelligence de s'unir, pas à nous, nous, on a les deux mains dans le cambouis de la souffrance humaine, l'efficacité de la lutte c'est eux, ils sont délégués pour ça, actuellement nos divisions arrangent les politiques, notre sens du devoir également, ils savent qu'une grève générale n'est pas pour demain, ça se voit sur notre feuille de paie qu'ils ne nous craignent pas. C'est pratique quelqu'un qui aime son métier, ça se fait toujours avoir à un moment ou à un autre, nous, non seulement on l'aime mais en face de nous on a des yeux, des mains, des plaintes, des mercis, des soupirs, de la douleur silencieuse, de la douleur qui résonne dans les couloirs, toute une urgence humaine à la peine qui nous bouleverse, qui nous accapare,

« En face de nous, on a des yeux, des mains, des plaintes, de la douleur silencieuse, toute une urgence humaine à la peine. »

nous sommes des proies faciles pour un esprit comptable.
Une fois on a eu un ancien ministre dans le service, je ne le connaissais pas, c'est un médecin qui nous a indiqué qui on avait dans les pattes. Personnellement je m'en fous, c'est un patient comme un autre. Lorsqu'il est parti, il nous a dit au revoir en pleurant, il a tenu à saluer tout le service, il nous a félicités pour notre courage et notre dévouement, deux jours après on recevait un énorme bouquet de roses rouges avec une carte, il avait écrit « Merci à » et tous nos prénoms suivaient dans une belle écriture à l'encre bleue, on l'a agrandie à la photocopieuse et encadrée, elle trône au milieu des dessins d'enfants et des cartes postales.
Il faudrait nommer à la Santé que des hauts fonctionnaires qui ont dû se faire soigner un cancer, un truc lourd qui fait peur, qui te résume à deux billes inquiètes dans un drap blanc et qui te fait comprendre alors, mais seulement à ce moment-là, qu'écono-

miser sur la santé, pressuriser le personnel, nous rendre folles, à bout de nerfs, en faisant de notre mission une injonction paradoxale permanente, est un suicide social organisé, c'est la victoire de la calculatrice sur le cœur, du portefeuille sur la paume de main tournée vers le ciel. Parfois je me dis qu'il ne faut jamais voter une loi autorisant l'euthanasie dans ce pays, même si au fond de moi je suis largement pour, car avec un système de santé géré comme une entreprise, le comptable l'emportant systématiquement sur l'humain, je n'ai pas très envie de recevoir un jour une note de service nous demandant de « neutraliser » dorénavant une dizaine de patients par mois afin d'améliorer la rentabilité du service.

Ce RER est trop lent, ça fait penser, je n'aime pas ça.

Je suis victime d'abus de pouvoir au travail, c'est mon père qui m'a sorti ça à table dimanche dernier, il a même ajouté : « Il faut savoir appeler les choses par leur nom » et puis il a regardé son gendre l'air de dire « Faut que ce soit moi qui le dise ». Je travaille dans un théâtre subventionné, on y parle pourtant culture, projets artistiques, poésie, résidence, festival, des mots qui sonnent doux à l'oreille pour la plupart des gens concernés par la chose culturelle mais qui dans les miennes deviennent autant d'acouphènes qui me rendent folle. Nous sommes sous pression, notre structure est devenue au fil du temps un immense distributeur automatique de spectacles, il y en a pour tous les goûts et toutes les bourses, nous sommes toujours au bord de la rupture, le travail qui nous est demandé est titanesque et quelles que soient notre ardeur et notre énergie, nous sommes en retard, « charrette » comme on dit, à chaque fois que l'on s'attelle à une tâche nous savons d'avance que nous

« Des crises de nerfs, des engueulades, des réunions qui ne changeront rien, des syndicats aux ordres muets comme des tanches, des quinquagénaires qui décomptent leur retraite. »

serons insuffisants et que nos efforts seront vains, mes collègues craquent les uns et les unes après les autres, le fameux « burn-out » sévit ici. Chaque soir de représentation le rideau s'ouvre sur des larmes, des crises de nerfs, des engueulades, des réunions-mises au point qui ne changeront rien, des syndicats aux ordres muets comme des tanches, des quinquagénaires qui décomptent les mois avant la retraite tout en regrettant les grandes années du théâtre public avec ses Planchon, Chéreau, Lavaudant, toutes ces troupes qui ont donné au pays ses plus grands artistes, pépites d'un âge d'or maintenant lointain, ce temps où des Peduzzi, Bercut, Chambas pouvaient construire des villes sur scène, des ponts autoroutiers. Maintenant l'élu du coin reprend ses aises, normal, l'État se désengage, les seigneurs locaux reprennent leur droit de cuissage culturel, nos programmations sont tamponnées « lu et approuvé », le directeur nous étale sa prose indépendante et exigeante dans le programme qui nous coûte un bras chaque année, il nous parle exigence, bien-être des artistes, amitié, fidélité, c'est un pantin ridicule et comme il sait qu'on le sait, il nous gueule dessus à la moindre occasion, menace et nous paye un verre en fin de journée lorsqu'il va trop loin, histoire d'effacer les ardoises « entre potes ».

La tête de Louis XVI repousse chaque jour un peu plus dans le théâtre subventionné français.

Nous pratiquons le troc culturel ou le renvoi d'ascenseur, « Tu me prends mon spectacle et je te prends le tien » et à nous de transformer ça en politique culturelle, on essaye chaque année de donner du sens à de la combine, du copinage, de l'entre-soi, des plans de carrière, de la soumission...

Je suis chez le médecin du travail, j'attends mon tour en me répétant ce que je dois lui dire, j'en ai marre de chialer devant mes gosses, et mon mari menace de casser le nez de mon cher employeur, j'aimerais m'en aller, je regarde les projets de théâtre de petites communes, parfois je commence un dossier de candidature, je rêve d'une petite structure, de compenser le manque d'argent par de l'âme, jouer vraiment pour des gens, pas des abonnés, sentir le maire derrière moi heureux de son théâtre pour lequel il a bataillé contre des armées d'imbéciles avec leur sempiternel « Pour quoi faire un théâtre ? » Mais en attendant je travaille pour une scène nationale de la 5e puissance mondiale et c'est déjà ça comme dit Souchon.

Je suis juge d'instruction, mon nom vous l'aurez sûrement dans la presse demain matin, rubrique faits divers, disparition brutale, on dira de moi que j'étais fragile, un peu bizarre, à part, jamais content, problèmes familiaux. Ma femme, mes enfants sont formidables, j'ai des amis et des parents que j'aime et juge d'instruction était mon rêve absolu. Il n'y avait pas plus heureux et fier que moi le jour où j'ai rejoint Bordeaux pour la rentrée à l'ENM. Le premier jour, mes parents m'attendaient à la sortie, ils avaient réservé une table à La Tupina, ils étaient heureux et moi j'étais heureux de les rendre heureux. Mon père était intimidé et ma mère ne me posait que des questions pratiques sur le fonctionnement de l'école, et je crois bien que c'est la première fois que nous avons bu du champagne ensemble, avant le crémant était amplement suffisant pour nos célébrations familiales.

J'étais encore à l'ENM lorsque l'affaire dite d'Outreau a révélé l'état de déliquescence de notre appareil judiciaire, je me souviens

de m'être battu farouchement contre cet esprit de caste qui avait donné l'idée à une poignée de crétins de baptiser notre promotion du nom de Fabrice Burgaud. J'ai toujours pensé qu'il n'était pas le seul à avoir eu ce dossier étonnamment stupide dans les mains et faire de lui le seul et unique responsable était un peu facile, mais en tant que premier magistrat instructeur, c'est lui et lui seul qui a fourvoyé l'instruction dans des impasses d'inhumanité et de bêtise… Je ne me suis pas fait des amis en m'opposant à cette nomination, j'étais bien seul mais une consigne venue d'en haut a remis un peu de décence dans les esprits corporatistes.
Ma scolarité s'est passée discrètement et à l'écart de la meute, mais fils unique, j'avais l'habitude de la solitude et n'en souffrais pas. Première affectation, je rencontre Isabelle, elle était dentiste et j'avais une dent de sagesse à enlever en urgence, elle m'en a retiré quatre et m'a fait deux enfants, des jumeaux, très vite le travail m'a submergé, je ne les voyais plus, je ne

les reconnaissais toujours pas, même au bout d'un an et demi, j'attendais que ma femme les nomme pour tout de suite coller le bon prénom sur le bon vêtement, mes nuits se sont raccourcies, je ne suis pas parvenu à dormir moins de trois heures par nuit, j'avais atteint mon seuil. Nous ne sommes pas encore divorcés, elle m'aime et moi aussi, elle ne se résout pas encore à me demander de choisir entre « elle nous eux » et mon métier de juge. Mais je sais que ce jour arrivera. Et quand il arrivera je ne veux plus être là. J'emporte du travail avec moi tout le temps, il serait plus juste de dire que le travail me prend avec lui partout. Ma femme vit sous un autre toit depuis quelques mois, avec les jumeaux, pour me laisser travailler, elle pense que c'est temporaire, que ma hiérarchie va comprendre, que 150 dossiers sur un seul bureau n'est pas humain, ma femme est une gentille.

150 dossiers c'est 150 urgences et on me fait comprendre qu'il faut hiérarchiser,

on me laisse en déduire que je ne sais pas m'organiser, que je ne suis peut-être pas fait pour ce travail, sur 150 cas à traiter j'ai très exactement 117 dossiers d'affaires criminelles, je fais comment ?

Cette nuit, j'ai acquis la certitude que je suis complice de cette débâcle judiciaire. Je suis sûr que mon travail insuffisamment complet et précis a rendu une justice parcellaire, je suis responsable de mini-Outreau, je le sais, des petits « Outreau » solitaires qui ne payent pas de mine, loin des médias et des sirènes, il est certain que des hommes et des femmes quelque part en prison ou chez eux en attente d'une reconnaissance, d'une compréhension ou d'une réparation doivent cracher par terre en entendant prononcer mon nom.

Après Outreau, je faisais partie de ceux qui croyaient en un sursaut du système judiciaire, j'étais persuadé qu'après un tel cataclysme les pouvoirs publics allaient mettre le paquet, la commission Outreau de l'Assemblée nationale me donnait de grands

« Subir en silence,
courber le dos,
fermer sa gueule
et fabriquer
de l'injustice. »

espoirs, Houillon et Vallini devaient être à la justice française ce que Platini et Janvion furent au football national, des emblèmes, ils n'ont été que des soldats, entérinant l'immobilisme politique en la matière, se cachant derrière leur rapport comme on fait une sieste à l'ombre de sa bonne conscience. Occasion ratée, l'histoire judiciaire est passée entre leurs mains, mais à force d'entregent leurs paumes blanches étaient devenues moites et glissantes.

Mes lettres, mes signaux de détresse envoyés à la hiérarchie sont restés sans réponse, la « grande muette » n'est plus l'armée, à côté de l'institution judiciaire l'armée est une concierge d'immeuble.

Subir en silence, se savoir insuffisant en silence, créer de l'injustice en silence, piquer une rame de papier en silence, passer des heures en silence à chercher une cartouche d'encre noire, se syndiquer en silence dans un syndicat taiseux, courber le dos, fermer sa gueule et fabriquer de l'injustice.

Nos hommes politiques se délectent de cet appareil judiciaire en décrépitude, un peu comme les ruines d'un ancien château, on respecte l'institution alors qu'on urine contre ses murs et qu'on pique ses linteaux de cheminée, ils invoquent l'indépendance de la justice mais réclament des sanctions exemplaires pour la valetaille délinquante et invoquent l'acharnement judiciaire lorsqu'ils sont convoqués chez le juge, on ne commente pas une décision de justice mais on les retrouve drapés de dignité sur les plateaux télé, s'interrogeant sur le tempo de certaines convocations judiciaires. Ils savent que cette ruine mettra des années à les confondre, ça se sent dans leurs yeux, ça se devine dans leur aisance, le regard « cause toujours » de Pasqua brille tellement dans leurs yeux.
Les hommes politiques français n'ont pas peur de la justice.
Pour le *vulgus populum* la justice française mettra en moyenne presque une année entre la clôture de l'instruction et le procès,

alors pour un professionnel de la politique blindé de conseils, imaginez le délai ! Balladur vient seulement d'être mis en examen pour l'affaire Karachi. Bien sûr, il s'est immédiatement pourvu en cassation. Lors de cette campagne électorale, à part Fillon, volontairement dans un premier temps et à son corps défendant par la suite, qui nous a parlé de justice et de probité ? Fillon, cet homme qui nous demandait d'imaginer le dieu tutélaire de la Ve République mis en examen, qui risque de se retrouver dans une cour d'assises dans au moins trois cent quatre jours si tout va bien. Je ne peux décemment regarder aucun portrait de président de la République sans être pris de nausées, imaginez-vous en face de n'importe quel visage officiel et tentez de discerner le nombre de coups bas, de trahisons, de reniements, de serments mensongers, d'amis abandonnés, de voyous privilégiés, de crapules innocentées, de services rendus, de suicides presque vrais, d'écoutes illégales, de passe-

droits, d'hommes et de femmes de l'ombre, de substances illégales fournies et consommées, de cadeaux, d'amis riches et discrets, de financements occultes...
Imaginez maintenant que tous ces hommes pouvaient faire quelque chose de grand en révolutionnant le système judiciaire français, tous pouvaient devenir historiques, ils ont préféré plafonner dans le circonstanciel. Être président de la République et tous les matins savoir mieux que quiconque que la justice de cette république est défaillante et indigne d'une démocratie moderne, nous sommes la honte et la risée de l'Union européenne. Tous les pays de l'Union sont devant nous, en nombre de juges par habitant, en nombre de tribunaux, de greffiers, d'avocats, de places en prison, en dotations, en moyens humains, en efficacité, en délais, dans tous les domaines nous sommes derniers ou avant-derniers, les hommes politiques le savent, nous le savons et c'est mon quotidien depuis trop longtemps.

Notre appareil judiciaire est en faillite, tout le monde le sait et personne ne veut le dénoncer, les quelques-uns qui s'y sont risqués le regrettent du fond de leur placard à balais et de leurs retraites amères et tronquées. Ce soir j'ai écrit une longue lettre expliquant les raisons de mon geste, je l'ai timbrée, il y a une boîte aux lettres près du passage à niveau. C'est pratique. Les médias en feront ce qu'ils voudront ou ce qu'ils peuvent en faire, moi j'ai essayé de faire mon travail, ma passion, ma fierté mais je n'ai fait que parer au plus pressé pendant quinze ans. Je ne voulais rien bâcler et pourtant j'ai bâclé malgré moi. Je n'ai pas assez travaillé le cynisme lorsque j'étais à l'ENM, et je le paye, un bon juge pour le système est un juge qui finit par s'en foutre. Je n'arrive pas à prendre ça avec philosophie et recul, je me suis engueulé avec tellement d'amis que faire demi-tour serait ridicule. Ma hiérarchie m'a répondu hier, ils disent que je ne suis pas assez organisé, ils remettent en cause

« Un bon juge pour le système est un juge qui finit par s'en foutre. »

mon travail, en gros que je ne suis pas un bon juge…
Mes enfants chéris, pardonnez-moi, je vous aime, puissiez-vous comprendre mon geste, aimez votre mère.
Adieu.

« La prison est une énorme usine à fabriquer du taré et du drogué. »

Je suis en prison à cinq dans une cellule prévue pour deux, des repas infects, mes économies qui se dilapident pour cantiner, c'est-à-dire améliorer mon ordinaire dégueulasse, car tout s'achète ici, le savon, les médocs, le sel et le poivre, la protection, tout. Mon avocat me rend visite le vendredi matin car nous n'avons le droit qu'à une seule et unique douche, le jeudi, alors le vendredi l'odeur est acceptable, mon avocat connaît bien les rouages de la prison. Ici j'ai découvert un monde, qui a ses lois, ses codes, son honneur, ses histoires, il faut apprendre et apprendre vite. Je m'y connais dans tout un tas de choses qui me semblaient si lointaines avant, la drogue par exemple, les médocs, les pilules qui font rêver, dormir, bander, respirer l'irrespirable, supporter l'insupportable. La prison ça sent le suint d'homme. Je me suis fait tatouer trois points, moi qui ne supportais pas la moindre piqûre. Je sais maintenant ce que ça fait de vivre sous protection. Je sais que la crème Nivea est un excellent lubrifiant anal. J'arrive maintenant à deviner les candidats au suicide et ceux qui vont laisser un bout de leur cerveau ici lorsqu'ils pourront sortir, ça se voit dans leurs yeux, un regard ça vire, ça tourne, comme si ça prenait la couleur des murs, d'après mon avocat presque la moitié des prisonniers présentent des troubles mentaux, plus d'un tiers d'entre nous sont dépendants à l'alcool ou aux stupéfiants. La prison est une énorme usine à fabriquer du taré et du drogué.

Je vais peut-être enfin toucher un lit cette semaine, il faut dire qu'avec mon avocat on a gueulé, on les aura eus à l'usure, un lit au bout de trois mois, je m'en sors bien. Mes demandes de liberté sont rejetées les unes après les autres, car l'administration judiciaire débordée prend moins de risques en les rejetant qu'en y accédant, pour ce faire il faudrait lire, examiner, contrôler et elle n'en a pas les moyens. J'ai volé, je l'ai reconnu, il n'y a rien à redire, les flics m'ont trouvé, j'ai avoué, j'ai même eu droit aux compliments du juge pour ma coopération, mais ça ne l'a pas empêché de me coller du ferme, j'ai volé de l'argent. Un conseil aux malfaisants, quitte à voler, volez beaucoup, moi j'ai pris du zonzon pour quelques billets qui s'emmerdaient dans le portefeuille de ma patronne. Quelques billets et me voilà condamné à trembler chaque nuit, condamné à m'assommer de médicaments, condamné à bouffer de la merde tiédasse et sans sel, condamné à vivre entassés, à dormir dans la sueur de l'autre, dans les pets de l'autre, dans les râles de l'autre, condamné à ressortir forcément un peu cinglé. Malgré tout, un sourire ne me quitte pas car mon pays est la 5e puissance mondiale, ça m'aide à m'endormir la nuit quand un môme se fait casser la gueule ou défoncer le cul.

Je suis enquêteur deuxième classe, j'ai pris un an de disponibilité, j'écris un scénario, on m'a dit de lever le pied, ils s'inquiétaient pour ma santé psychique, je ne parlais plus beaucoup faut dire, ma mère me téléphonait quasiment tous les jours pour prendre de mes nouvelles comme pour un gosse malade. J'ai rencontré un autre flic qui a tout arrêté pour écrire, il travaille sur une série, j'ai des trucs à raconter, je ne sais pas si je saurai le dire, mais honnêtement je m'en fous, je vais vider mon sac de sport, et le fond n'est pas beau à voir.

J'ai récupéré une arme sur une perquisition, dans une cave, une carabine de chasse, bon état, très peu servi, je la regarde tous les soirs chez moi, je la démonte, la nettoie et la remonte, j'arrive maintenant à le faire les yeux bandés comme dans *Police Python 357*, je me suis mis en quête d'un silencieux, je lance des pistes, j'adore le son d'un silencieux, ce mélange de force et de retenue, l'explosion maîtrisée, *blop wizz* comme le chante Birkin, j'ai un fantasme absolu avec, buter au hasard les petits qui surveillent, les chouffs, un coup là, un autre ailleurs, jamais au même endroit, les flinguer, du haut de leurs 12 ans, du haut de leur stage en trafic de drogue, les plomber, et faire chialer dans les cités, je suis sûr qu'au troisième gosse *ad patres*, ça commencerait à gronder sévère, les caïds merdeux seraient débordés par la douleur des parents, incapables d'assurer la sécurité des petits, la révolte dans les cités serait inévitable, provoquer le sursaut, front commun, c'est mon projet politique, j'y pense tout le temps, il n'y a que ça à faire… J'attends mon silencieux en silence, j'écris, je me fais un plat de haricots par semaine, j'ai un stock de bière pour trois ans, des DVD à plus savoir qu'en foutre, je peux tenir tout seul avec ma tuerie en devenir, mon programme politique n'est pas correct mais j'y crois, je descends à Sarcelles, j'observe, bing, et d'un, je repars tranquille, je prends ma caisse, je descends à Marseille, et de deux, je remonte par

Grenoble, un troisième. Je me suis fait une carte de France des cités pourries, pour le coup la décentralisation a bien fonctionné, il y en a partout, en dehors des grosses agglomérations vous avez tout un tas de petites villes tranquilles qui ne payent pas de mine et qui se retrouvent un jour ou l'autre sur le devant de la scène après un coup de filet des douanes.
J'en ai marre des insultes, des doigts d'honneur et des cagoules, de ces branleurs très forts par paquet de 12 et qui chialent leur mère quand ils se font pincer tout seuls, la police est complice des trafics, on nous a virés des quartiers, accablés d'administratif, on nous a sapés comme des Terminator, on a privilégié le tape-à-l'œil et dilué le fond de sauce, je n'en peux plus, on sert à rien, on arrive en force dans un quartier, on défonce tout, on récupère deux ou trois trucs et on se casse comme on est venus, à chaque opération on se fait plus d'ennemis, on ne fait que donner du grain à moudre, même les grands frères finissent

par baisser les bras, on casse tout avec nos godillots, j'en ai marre de ce cirque, l'autre jour j'en ai attrapé un et je l'ai traîné derrière des poubelles, je voulais lui couper les couilles et les lui faire avaler, mes collègues m'ont retenu, je chialais, je hurlais, les mômes rappliquaient de partout, on a plié bagage, dans la voiture je me suis fait engueuler, congé sans solde et on fait comme si on n'avait rien vu, on n'en parle plus, pas eu lieu, rien. J'aime mon métier, je veux rester flic, flic de la 5e puissance mondiale...

Je suis au chômage depuis trois ans, j'ai 56 ans, divorcée, mère de deux enfants, je travaillais dans un hypermarché dans la Sarthe, un de ces trucs immenses qui vous vident un centre-ville en quelques semaines. Un soir, en sortant du travail, je me suis fait arrêter par Bernard, un gars de la sécurité, il en bafouillait, le pauvre, je ne l'avais jamais vu aussi mal à l'aise, Monique, faut que je regarde dans ton sac, et moi, croyant qu'y blaguait, je lui dis : c'est ça, fais-moi une fouille au corps pendant que tu y es, je plaisante pas Monique, on m'a dit de vérifier les sacs personnels et je dois faire le tien. Là-dessus je lui tends, tiens, regarde, fais comme chez toi, y zieute deux secondes et sort un paquet de chewing-gums tout neuf en lot de trois, t'as le ticket de caisse ? qu'y m'dit, d'où ça sort ? j'en mange pas, j'aime pas ça, d'où tu sors ça ? de ton sac, Monique, faut que tu m'suives là-haut. Et là-haut, le bon Dieu m'a dit que c'était une faute grave et que je ne devais plus faire partie de l'humanité travailleuse. Et depuis j'ai une envie de tuer qui ne me lâche plus, je voulais me syndiquer, c'est con, j'avais parlé à une fille du syndicat, une grande gueule jolie depuis deux ans et veuve comme tout, on se voyait près des toilettes pour en parler, car je ne fume pas, elle voulait toujours qu'on sorte pour en parler mais moi j'préférais le couloir des toilettes, j'ai arrêté de fumer depuis deux ans, j'en avais marre de sortir pour tirer trois lattes sous le crachin. Je regrette. On m'dit qu'il faut que je me batte, les prud'hommes c'est eux qui font ça, ça va être long, tout le monde dit ça, en attendant, j'ai écrit au maire. Mes gosses ont faim, je sais, ils le disent pas pour pas faire de peine, mais je sais, la justice c'est long et pas sûr, la faim vient vite c'est certain. Mais avoir faim dans un pays qui est la 5e puissance mondiale est moins grave qu'avoir faim dans la 12e puissance mondiale.

Je m'appelle Pierre-Alain, je fume à côté de ma voiture qui a les quatre pneus crevés. Je regarde la grosse bâtisse en brique rouge de l'entreprise F. Pas besoin d'avoir lu Conan Doyle pour comprendre que l'auteur du forfait est en train de contempler son chef-d'œuvre depuis un bout de carreau cassé. Si ça se trouve il rameute ses collègues, et tout ce joli monde s'organise à la queue leu leu pour travailler du sourcil et me reluquer fumant ma cigarette comme un con avec mes pneus à plat.

Jusqu'ici, à part une lettre anonyme maladroite et des invectives, je n'avais rien à signaler de dangereux ou d'inquiétant, c'est la première fois que ça passe à l'action.

J'ai 52 ans, je suis inspecteur du travail et là j'en ai marre.

Il est 15 heures, je suis à 50 kilomètres de l'école de ma fille, je n'y serai jamais. Il va falloir faire un rapport, tout un tas de dossiers, ça me saoule d'avance, tout ça pour rien car les gendarmes ne vont

pas s'emmerder à faire une enquête pour quatre pneus crevés.
Si ça se trouve c'est l'État qui a envoyé un barbouze, quand on voit le manque de moyens et le peu de considération je ne serais pas étonné qu'il en arrive à ce genre d'extrémité pour nous décourager, chaque année nos services battent des records d'obsolescence sur l'année précédente. L'État voudrait nous faire disparaître qu'il ne s'y prendrait pas autrement. Nous sommes pris en tenaille, d'un côté l'État qui regrette ses puretés d'après guerre et de l'autre une sorte de cartel du chou-fleur contenant patrons, salariés et syndicats qui sont parvenus à se faire une Sainte-Trinité sur notre dos. 2000 agents pour contrôler presque 2 millions d'entreprises, le calcul est simple à faire mais rend la mission impossible.
Je n'avais pas vu mais ils ont pété aussi mon rétroviseur... Ils ont raison, vaut mieux pas regarder en arrière, ça colle le bourdon. Quand j'ai commencé, la hiérarchie nous

demandait après nos visites comment cela s'était passé, maintenant on nous demande comment nous nous sommes comportés, comme si le problème était d'abord notre façon de faire, comme si l'entreprise était devenue à ce point une entité rare, susceptible et capricieuse qu'il faut aborder avec déférence et le dos courbé en s'excusant de lui rappeler la loi et le respect des travailleurs, une entreprise qui se plaint suite à un contrôle aura toujours plus d'écoute et d'attention auprès de notre hiérarchie qu'un inspecteur en retour de mission, mon directeur va très certainement me faire comprendre que je n'ai pas assez pris en compte la qualité du terrain avant de me garer.

Il serait plus simple de nommer directement un membre du Medef à la direction de nos services, cela simplifierait les démarches pour limiter la portée de nos missions et muter les agents un peu trop zélés. On ne veut plus de nous, nous sommes devenus emmerdants en ces temps de libéralisme triomphant, la bonne et courageuse décision de début d'année que l'on regrette amèrement en février et que l'on envoie chier en avril. Les efforts civilisationnels de l'après-guerre s'écroulent les uns après les autres sous le travail de sape du mercantilisme planétaire, on redevient sauvages et sans scrupule, la prochaine guerre ne devrait plus tarder.

Même les salariés nous regardent d'un sale œil, comme si les 2000 pages du Code du travail n'étaient rédigées qu'à la seule fin de les mettre au chômage à plus ou moins brève échéance.

C'est incroyable ce qu'un salarié est prêt à supporter pour ne pas perdre son travail! Une fois j'ai été accosté par une femme d'une cinquantaine d'années, employée dans une scierie, elle pleurait et me suppliait de ne pas «faire du mal» à son patron, «faire du mal», vous vous rendez compte? Dans ses yeux mouillés je me reflétais dans la pourpre d'un juge de l'Inquisition donnant l'ordre d'une main lasse d'allumer les bûchers, l'entreprise méritait de fermer quelques mois pour une remise aux normes, les poussières de bois responsables de cancers du nez n'étaient pas aspirées, le réseau électrique datait de la présidence d'Albert Lebrun, aucun affichage des risques, aucun matériel de protection individuel mais c'était moi le méchant, je suis rentré effondré… J'ai toujours pensé que la partie était follement inégale entre employeurs et employés, que le chantage à l'emploi, vieil argument du monde patronal, était toujours aussi destructeur de conscience et d'estime de soi, c'est bête mais c'est dans cet état d'esprit que j'ai passé le concours en 1987 à Lyon. Ensuite j'avais plus qu'un métier, une mission de service public, le parapheur dans une main et les clefs de la voiture dans l'autre, je sillonnais le département et je me sentais libre, fort de la convention 81 de l'OIT de 1947 ratifiée par la France, soutenu par notre hiérarchie, les incidents sur

le terrain étaient rares, quelques engueulades et des mots déplacés que l'on faisait semblant de ne pas entendre.
J'accepte de passer pour un emmerdeur, un tatillon incarnant l'État normatif, encore que mes collègues et moi, si on était aussi procéduriers et psychorigides que notre réputation le laisse entendre, la moitié de la France laborieuse serait au chômage technique pendant que l'autre moitié paierait des amendes et ferait des travaux de remise aux normes. On passe notre temps à être conciliants, on passe notre temps à mesurer nos propos même en face de la morgue la plus irritante, jusqu'au cœur de nos propres services on fait attention de ne pas passer pour un copain de Nathalie Arthaud ou un pote à Poutou, mais je n'accepterai jamais de passer pour un frein à l'embauche, un empêcheur de reprise.
Le manque d'anticipation des marchés porteurs, ce n'est pas nous.
La mise sous tutelle boursière de notre appareil productif, ce n'est pas nous.

« J'ai toujours pensé que la partie était follement inégale entre employeurs et employés, que le chantage à l'emploi, vieil argument du monde patronal, était toujours aussi destructeur de conscience et d'estime de soi. »

La dépendance au pétrole et à l'uranium, ce n'est pas nous.
La financiarisation de la dette publique, ce n'est pas nous. Cette économie qui stagne depuis la fin des Trente Glorieuses, ce n'est pas nous.
Cette tendance des entreprises françaises à vouloir le fric, les infrastructures et les commandes de l'État tout en revendiquant la liberté d'entreprendre, en dénonçant les charges, en délocalisant et en pratiquant l'optimisation fiscale à outrance, ce n'est pas nous.
La gronde autour de la réforme du Code du travail me fait bien rire, les syndicats font les gros bras en national mais jouent à la pie crevée localement. Toujours pareil, il y a les principes et la réalité. Nous on se la coltine la réalité, les petits arrangements entre amis on les voit, les DS qui ne branlent rien, en place depuis des lustres, chouchoutés par la direction, appartements obtenus par le 1 % patronal, promotions internes et parfois jackpot lorsque

« Les syndicats font les gros bras en national mais jouent à la pie crevée localement. »

la boîte a des filiales : double salaire. Tout est bon pour entretenir de bonnes relations, pendant ce temps les vraies revendications des travailleurs au sein de l'entreprise sont minimisées, le DRH est content, il n'a rien à exiger, ces choses-là se font en silence. Si on retirait la vénalité du monde du travail, tant du côté syndical que patronal, on retrouverait le plein-emploi immédiatement.

Nous sommes en passe de devenir un service téléphonique, un organisme de conseil, le cul vissé sur une chaise, équipés d'une oreillette et d'un micro, voilà comment on nous rêve, loin du terrain et de la débrouillardise libérale.

Je vais commander un taxi.

Je m'appelle Bastien de La Longe Corbie, j'ai 53 ans, je suis directeur des ressources humaines d'un gros groupe coté en Bourse, je gagne 175 000 euros par an auxquels s'ajoutent des bonus, 40 % en ce qui me concerne, nous sommes très recherchés, la balle salariale est dans notre camp comme on dit, les entreprises du CAC 40 ou du SBF 120 nous chouchoutent, nous sommes devenus des « business partners », les « changements de périmètre » et les restructurations obligent les entreprises à attirer et retenir les talents, ce qui suppose un corollaire moins affichable : décourager et dégager d'autres talents que l'on estimerait moins pertinents pour la stratégie entrepreneuriale.

Et c'est là que les Athéniens s'atteignirent, c'est là que le monde légal, normé et raisonnable s'arrête. Je suis un magicien, c'est ce que la direction attend de moi, je dois faire disparaître et apparaître des salariés en fonction des besoins de restructuration du groupe, de ses plans boursiers.

Je me considère plus comme un perceur de coffre, les lois et le Code du travail protègent les salariés et moi je dois ouvrir les portes sans que ça se voie.
J'écoute France Inter ce matin et là disons que ça s'est vu. Un responsable syndical a lancé le pavé, j'attends que les gouttes retombent. Les messages commencent à arriver sur mon portable, tant que ce n'est pas le boss, j'attends, je dois être sur zone à 9 heures de toute façon, on ne va pas s'affoler.
Le mot est lâché en pâture aux auditeurs, « ranking forcé », tout le monde s'en pourlèche les babines, on découvre ce qui était devant nos yeux depuis des années et qui se pratique partout y compris dans la fonction publique et peut-être même dans cette chaîne de radio nationale, la notation et l'évaluation des employés. Avec le « ranking forcé », on note dans le but d'éliminer, avec un objectif à atteindre.
La direction joue formidablement son rôle de vierge effarouchée. Mathilde Delamur-

Pereval est géniale, elle a même réussi à organiser de faux points presse, elle a fait venir ses collègues d'une chorale versaillaise pour faire meute, tout ce petit monde tendait à bout de bras une forêt de tubes en carton avec une boule au bout peinte aux couleurs de sa radio préférée, on a bien rigolé, pendant deux heures elle a fait répéter tout le staff direction et communication sur le thème. Très efficace, d'après les premières interviews ça fonctionne, j'ai failli m'étouffer avec mon croissant en écoutant Jean-Patrick Castande répondre aux questions, j'imaginais Mathilde à côté de lui en train d'agiter ses bras pleins de bracelets et ses rictus pleins de dents pour l'encourager, je riais tout seul dans la cuisine et j'ai fait un faux trajet, j'ai toussé, craché, Victor s'est réveillé, ça tombe bien, il doit absolument préparer ses bagages, il part pour trois semaines de tennis à Cambridge… « Initiative personnelle qui nécessitera une enquête interne et aboutira à des sanctions exemplaires », très bien, Jean-Patrick, j'attends, mes affaires sont prêtes et cette initiative personnelle me permettra de dépasser les 200 000 euros par an, je suis recherché, j'ai des propositions, c'était prévu comme ça de toute façon, je fais mes évaluations, je note, ils font leur liste, si rien ne bouge je reste, si ça coince on fait semblant de me virer en communiquant sur ma vilaine initiative personnelle et je passe à la proposition suivante. Et plus ça communique et plus j'y gagne, ma cote personnelle grimpe, et tout ça sans chemise déchirée. Je lui avais dit à Xavier, ne va pas chez Air France, tu vas te faire chier avec les syndicats, certains se croient encore dans un service public du transport aérien, rien que des fêlés qui s'imaginent protégés, de la préhistoire, Air France pour un DRH c'est le Vietnam.

Le plus dur finalement c'est de choisir, j'ai plusieurs propositions d'entreprises françaises, j'hésite. J'aimerais changer, travailler pour un cabinet de conseil comme on dit pudiquement, faire du lobbying,

« *Corruption* c'est choquant, *lobbying* c'est propre, *fraude fiscale* c'est ringard mais *optimisation fiscale* c'est respectable. »

j'ai des compétences, semer mes petites graines à Cancún, Copenhague, Paris, Bruxelles, partout où la planète se réunit, attendre les G 3, 4, 5, 6, 7 et 8 comme de futurs terrains de jeux, je suis sûr que cela me plairait. Il y a quelques années j'avais retrouvé par hasard un ancien camarade d'HEC qui travaillait pour un cabinet londonien, il me racontait son job et je me suis vu transporté immédiatement chez John le Carré, ils ont des budgets pharaoniques, ils utilisent toutes les techniques d'espionnage, filature, écoute, enquête de personnalité, fouille des poubelles, hacking, fausse relation amicale ou amoureuse, tout est bon. J'ai gardé son numéro, j'ai un répertoire qui commence à devenir conséquent, j'ai des entrées un peu partout, je suis sûr que je ferais du bon boulot. Je regardais récemment le ministre de l'Environnement Nicolas Hulot défendre la position de la France vis-à-vis des perturbateurs endocriniens, il était dans son rôle, et puis peu de temps avant le vote au

Parlement européen le ministre de l'Agriculture nous fait savoir qu'il serait bon de retirer certains produits de la liste d'interdiction, dans le même gouvernement, à ciel ouvert, un peu comme ces restaurants où l'on voit la cuisine, je suis certain que bientôt on nommera un ministre en indiquant avec quel cabinet de conseil il a ses habitudes. Ça ne sert à rien de cacher, il faut tout sortir, c'est comme ça, le monde est comme ça, soit tu fais avec et on voit ce que l'on peut faire pour toi, soit tu te braques et tu deviens obsolète et tu perds sur toute la ligne. Il faut éviter les mots qui choquent, *corruption* c'est choquant, *lobbying* c'est propre, *fraude fiscale* c'est ringard et vieux jeu, de mauvais goût, comme une villa de vieux chanteur en territoire helvète, mais *optimisation fiscale* c'est respectable, compatible avec n'importe quelle fonction régalienne, Éric Woerth que je connais très bien s'offusquait à juste titre qu'on ose lui faire remarquer que sa femme travaillait dans la société de défiscalisation

de Mme Bettencourt lorsque lui-même était ministre du Budget. Il est où le problème ? c'est légal, elle aurait dû démissionner, c'est ça ? Le monde est comme ça, notre passage est bref, autant que ça se passe bien, je pense à mes gosses et ma femme, je veux qu'ils ne manquent de rien, qu'ils fassent les meilleures écoles afin qu'ils puissent choisir, ne pas subir c'est important, un temps d'avance toujours, anticipation, pas de regards en arrière.
Bon, j'espère qu'il est prêt, Victor, le taxi va arriver et comme d'habitude il n'aura pas le temps de prendre son petit déjeuner, il va partir un croissant coincé dans la bouche en criant « Salut p'pa » depuis la cage d'escalier et Mme Simonin va encore râler en voyant les miettes sur « ses » tapis... Je lui ai mis du liquide dans la poche intérieure de son sac, c'est con mais parfois j'aimerais bien qu'il me dise merci.

Je m'appelle Hugo, j'ai 30 ans, et je m'attends à être convoqué chez le juge d'instruction au sujet de l'affaire L. J'ai fait de brillantes études mais pas assez rutilantes pour décrocher l'ENA, je me suis retrouvé bloqué à Sciences-Po Paris, par le biais d'une copine très impliquée localement je me suis mis à travailler pour un candidat aux élections municipales. Je ne peux pas dire le nom de cette ville, l'instruction est en cours, notre candidat était un garçon sympathique de droite, quand je l'ai rejoint, il avait déjà échoué une première fois à prendre la ville, il faut dire que le maire de l'époque s'accrochait, il était socialiste, très aimé par ses administrés, il était là depuis deux décades et les rues de la ville étaient devenues le prolongement de ses dix doigts, il avait poussé le clientélisme très loin, tout le monde lui devait quelque chose. Il faut dire qu'il a su y faire avec tout le monde, et quand je dis tout le monde c'est tout le monde, il est arrivé à être populaire et respecté dans

toutes les catégories sociales, c'était d'autant plus désespérant que les casseroles que l'on essayait d'astiquer à son endroit non seulement n'intéressaient personne mais la ville entière était au courant et semblait prendre ça à la rigolade, certains de ses fidèles administrés nous apprenaient même des choses que nos premiers pas hésitants en tactiques politiciennes n'avaient pas su dévoiler, oui, désespérant.
Certains soirs, lorsque nos activités d'activistes corvéables à merci et payés en liquide nous laissaient un peu tranquilles et que l'on s'autorisait une bière décapsulée au briquet, on se demandait vraiment ce que l'on foutait là, il n'avait aucune chance notre poulain protégé du président de la République. Pourtant il se donnait de la peine, il avait depuis longtemps loué une maison en proche campagne, il s'en servait pour y faire venir le Tout-Paris contenu dans ses calepins. Combien de fois Juliette et moi avons été mobilisés

pour aller chercher ses invités en gare pour les 25 kilomètres qui restaient, il y en avait pour tous les goûts mais pas pour toutes les bourses, certains week-ends ressemblaient aux pages VIP des magazines people.
Le train de vie de notre candidat nous laissait pour le moins perplexes. Il avait une curieuse tendance à tout payer en liquide, même le cuisinier qu'il faisait venir de Paris pour ses week-ends petits plats dans les grands, il était locataire partout, à Paris, en province, en vacances, avec Juliette on avait beau essayer de retracer son parcours, on ne voyait pas très bien d'où pouvait venir cette aisance.
Mais comme il était sympathique et très amical, nos investigations s'arrêtaient vite. Il insistait beaucoup pour me faire venir sur Paris, il trouvait que j'avais le profil parfait pour être attaché parlementaire, « Avec certains c'est un métier qui laisse beaucoup de temps libre », et il s'en allait en riant.

C'est une affaire tentaculaire, si tout ce que j'ai lu s'avère exact il est possible qu'un grand nombre d'hommes politiques soient mis en examen, elle dure depuis tant d'années déjà, notre candidat qui a cessé de l'être depuis pas mal de temps maintenant, des retournements politiques l'ayant poussé vers d'autres fonctions, est au cœur de la mêlée, il est mis en examen pour enrichissement personnel, c'est Juliette qui l'a su en premier et qui me l'a dit en un « T'as vu ?????? » angoissé par texto.
Enrichissement personnel, ce mot tinte comme un sésame qui ouvre tout.
La pièce manquante du puzzle retrouvée derrière le meuble de l'entrée en faisant le ménage.
Enrichissement personnel, mots d'évidence. Je baignais là-dedans sans m'en rendre compte, abusé par les sourires et la gentillesse, les conversations souvent drôles, l'humour se devant de conclure et d'assurer la liaison avec un autre sujet lui aussi brossé à la salive afin d'éviter la bascule dans le

sérieux, le sérieux est lourd et impoli dans ce monde-là, le sérieux est vulgaire et on ne se souhaite pas bon appétit.
Insouciant de services rendus, de représentations, de congratulations réciproques, de gens charmants qui retiennent votre prénom instantanément, je découvre affolé la réalité trébuchante de cette expression, enrichissement personnel.
Le juge veut me parler, pourtant c'est loin tout ça, et moi je ne suis rien là-dedans, j'ai accepté quelques « missions » au Sénat et à l'Assemblée, des amis de mon ancien candidat, à la suite d'une balade en mer sur le yacht d'un négociateur saoudien, il me voyait inquiet pour mon avenir, alors il a passé deux coups de fil devant moi, et une fois sur la capitale je rencontrai l'un de ses amis, un député qui m'a trouvé du travail. Depuis je me balade de bureau en bureau, du Sénat à l'Assemblée, on me trouve sérieux et surtout discret et visiblement c'est une qualité qui compte beaucoup en politique. Je vois tellement

de choses du fond de ma discrétion, je ne suis rien, alors on parle devant moi, on me fait un clin d'œil quand on me remarque. J'aime la voile, je vais larguer tout ça et passer mon CQP AMV, et puis je mettrai un océan entre la politique et moi.

Je suis maire d'une petite commune, je m'appelle André mais tout le monde m'appelle « m'sieur l'maire » ou « Dédé », mon prédécesseur a tout fait pour qu'un hyper-marché s'installe sur le territoire communal, les taxes, l'emploi, vous comprenez ? Et maintenant je suis devenu spécialiste en pas-de-porte à vendre, ma ville est morte, avant on a eu jusqu'à cinq boucheries, plus un poissonnier, deux primeurs, six boulangeries, une mercerie, trois petites épiceries, une armurerie-cadeaux, un grand magasin de meubles, un caviste, bref, une ville normale avec un grand marché le samedi et un plus petit le mercredi, des concours de boules et de belote, des décorations de Noël, de Pâques, pour les mères et les grands-mères, maintenant il y a des banques et des assurances, pour le reste allez voir là-haut à l'hypermarché. Les rues sont vides, avec l'argent on s'amuse à refaire la grande place devant la mairie, on s'achète du mobilier urbain, une piscine et même un théâtre, j'ai failli perdre mon siège à cause de lui, ici les locaux de Pôle emploi sont en face du lycée, le hasard fait bien les choses parfois, ça me fait penser qu'il faut que j'appelle Monique, j'ai le sentiment que je ne sers pas à grand-chose, je serre des mains, ça oui, mais à chaque élection je me retiens d'exploser devant les scores du FN, je regarde les mines réjouies au moment du dépouillage, alors pour me venger j'en fais des tonnes dans la solennité du moment, j'avertis que je ne tolérerai aucun débordement, aucune remarque, rien, je veux du silence et de la concentration. Que va devenir mon théâtre s'ils passent ? Cet après-midi je dois recevoir une jeune femme qui vient d'une grosse structure, elle en a marre et souhaiterait prendre pour la première fois la direction d'un lieu à taille humaine, elle trouve mon théâtre magnifique, elle a plein de projets, elle veut que la culture sorte des murs, mêler les générations, travailler avec les écoles du coin, faire un festival « L'utile à l'agréable », elle a déjà le nom. Elle vient

de me prévenir que son train est bloqué, suicide sur la voie du côté de Paris.
Ce matin on a enterré Christophe, un petit jeune qui avait repris la ferme de ses parents, il s'est tiré un coup de fusil près du transformateur, j'ai fait venir un psy pour les gendarmes, je ne les avais jamais vus comme ça. Il laisse deux gosses et une femme, et un paquet de dettes.
Je vais dire oui à la jeune fille pour le théâtre, qu'est-ce que je peux faire d'autre ? Je lui demanderai de prendre Nadine à l'accueil ou dans les bureaux, je vais lui trouver une formation. Christophe m'a laissé une lettre :

Monsieur le Maire,
J'en peux plus, je travaille comme un chien et je n'arrive pas à faire vivre ma famille correctement, heureusement qu'on a les produits de la ferme sinon ce serait que de la misère ici. Pardon, Monsieur le Maire, pour toute la peine et le dérangement que je vais occasionner. Je vous écris parce que j'ai personne à qui

écrire et puis vous avez été mon professeur de mécanique auto et même que ces vingt-quatre heures en mobylette que vous avez organisées resteront la plus belle chose qui se soit passée dans ma vie. Alors merci !
Merci aussi pour les dossiers de désendettement que vous nous avez aidés à remplir. Vous avez tout fait pour nous. Et c'est pour ça que je vous écris, ne prenez pas mon geste comme un reproche. Vous êtes un bon gars, comme aurait dit mon père.
Si je pars c'est que j'ai honte, honte d'avoir reçu ces terres en héritage et d'en faire un tas de dettes, honte de ce que je répands sur le sol, j'ai un cancer, je ne l'ai pas dit à Nadine, je suis sûr que c'est les produits. C'est pas normal d'être obligé de s'habiller comme un cosmonaute pour remplir les réservoirs de l'épandeur.
J'en suis arrivé à produire du blé que je ne voudrais pas dans mon pain, je ne suis plus maître de rien, je suis devenu un employé agricole dans ma propre ferme. Mon père aurait honte.

Je préfère arrêter là.
Une dernière chose, je sais bien que c'est pas facile en ce moment mais essayez de trouver un emploi à Nadine.
Merci encore, André.
Christophe

Notre fils Thomas est gravement asthmatique et nous on s'engueule tout le temps. C'est injuste, notre vie est devenue difficile. La respiration de Thomas rythme notre existence, chaque mouvement d'air dans ses pauvres bronches m'épuise, dormir n'est plus possible, c'est de l'abandon de poste, on alterne le sommeil, on est crevés et la fatigue est en train de nous anéantir. Les sourires des présentateurs de la météo annonçant le beau temps, leur ton enjoué pour nous souhaiter un bon week-end ensoleillé nous sont devenus insupportables, pour nous le soleil et le fameux « beau temps » qu'il apporte signifient chaleur et pollution, ozone, particules fines et tout le toutim, pour nous le soleil est devenu du mauvais temps.

Nous luttons chaque jour pour que Thomas ne fasse pas partie de ce 1,3 million de personnes qui décèdent chaque année de la pollution des villes dans le monde, 1,3 million c'est gros comme 436 attentats du 11 septembre 2001 et j'ai l'impression

que tout le monde s'en fout, les morts n'ont pas la même valeur. Nous sommes coincés ici en banlieue parisienne, nous voudrions partir mais nos métiers ne nous le permettent pas, je suis secrétaire dans une boîte de production audiovisuelle et mon mari est graphiste et au chômage, nous sommes bloqués à Aubervilliers.
Je me dis souvent qu'un jour les gens qui se pencheront sur nos modes de vie actuels se diront qu'on était cinglés de supporter ça, ces zones urbaines, véritable dépotoir humain de Paris, impensées, polluées, abandonnées. J'en ai marre de trier mes déchets alors que la région parisienne est toujours aussi saturée de bagnoles, j'ai acquis la certitude que cela ne sert à rien, j'en ai marre de cette écologie citoyenne, la responsabilité individuelle, la théorie du colibri avec sa goutte d'eau, j'ai le sentiment que tout cela vire à l'alibi de bonne conscience, les décisions doivent être politiques. Je regarde mon fils qui souffre et j'ai honte, j'ai envie de lui demander pardon en

permanence. Il y a encore trop de gens en bonne santé, trop de gens sans véritables problèmes dans leur vie quotidienne, comment demander à des hommes politiques qui vivent bien de changer le monde ? Or ceux qui nous gouvernent et ceux qui rongent leur frein en attendant d'être à leur place vont bien, ils appartiennent à la catégorie des sans-souci, ils ne savent que conceptualiser les problèmes des autres pour les ranger ensuite sur leurs étals en criant très fort pour attirer le chaland. Vivement les catastrophes puisque l'humanité ne comprend les choses qu'à grands coups de boutoir, vivement les tempêtes, les cyclones, les étés sans eau, la fonte des glaces, le dernier éléphant, la dengue en Bretagne et le palu en Normandie. C'est pour cela que j'en veux à la gauche, et je lui en veux terriblement et durablement, Mélenchon et Hamon incarnaient pour beaucoup un véritable espoir, avec mon mari nous pensions naïvement qu'il était inconcevable que deux hommes politiques aussi préoccupés par la cause écologique et l'avenir de l'humanité ne s'entendent pas au nom de cette dramatique urgence, je vous en veux car vous avez osé l'espoir. Jusqu'au bout, malgré les signaux contraires, nous pensions qu'un accord allait voir le jour, une sorte de programme commun écologique en mettant de côté les sujets qui fâchent, on se disait qu'on ne peut pas alerter les gens sur l'urgence à changer notre façon de produire, de travailler, de consommer, on ne peut pas placer l'écologie à ce point au centre des débats et ne pas s'entendre. Eh ben si. Aujourd'hui, lorsque je regarde les prévisions de hausse des températures, la fonte du permafrost qui libérera du gaz 34 fois plus puissant pour l'effet de serre que le CO_2, l'extinction massive des espèces, l'épuisement et la contamination des sols, la rareté des matières premières encore indispensables, la montée des eaux, les guerres en cours et à venir, conséquences logiques de partages des ressources de plus en plus tendus, cette misère humaine jetée sur les routes et les mers du globe, je ne parviens pas à vous trouver à la hauteur, je vous regarde insoumis clairsemés et sans cravate à l'Assemblée vous jeter sur le moindre mot pour bomber le torse, je regarde avec un microscope le M1717 et j'ai envie de chialer, je ne sais plus quoi penser, Macron a gagné et vous lui en voulez mais rappelez-vous que vous avez perdu. Tout ça me dégoûte. Je voudrais partir quelque part où Thomas puisse respirer calmement, j'aimerais vivre mieux.

Il est 23 h 30, et cela fait plus de trois heures que je m'escrime à remplir des formulaires pour espérer enfin toucher les 1 253 euros que j'ai avancés. Je gagne un peu plus de 2 000 euros net par mois et ces frais de mission qui se baladent dans la nature depuis presque un an ne sont pas négligeables. Trois heures devant un écran à batailler pour scanner des facturettes, retrouver les justificatifs et explorer avec une lampe frontale la jungle que l'administration a inventée pour nous faciliter les démarches. Il y a encore quelque temps c'était plus simple, chaque service avait son secrétariat, lorsqu'on avait un déplacement en France ou à l'étranger on passait voir Mireille, elle s'appelait Mireille, elle connaissait son boulot et dans la journée elle réservait train, avion, hôtel et restaurant, c'était prépayé, il ne restait que les extras à notre charge. Mais Mireille est partie en retraite et c'est comme si l'administration n'attendait que son départ pour tout changer, maintenant il y a une fille que je serais bien incapable de nommer, elle est injoignable la plupart du temps et quand par miracle elle décroche elle nous met immédiatement en attente, je me demande comment elle fait pour tenir une conversation car systématiquement elle prend les doubles appels, en fait elle n'en suit aucune, on doit tout lui redire, tout lui rappeler. Elle doit gérer du bout de ses doigts le secrétariat de trois départements qui avant avaient chacun leur « Mireille », l'informatique peut faire beaucoup mais il a ses limites et cette fille s'y frotte chaque jour, lorsqu'on tente de passer par elle on est à peu près certain d'avoir des billets de train ou d'avion plein pot et pas d'hôtel dans les abords immédiats du lieu où l'on se rend, complet, on se retrouve à perpète, on prend alors des taxis et on demande une fiche pour se faire rembourser, c'est kafkaïen. Du coup on réserve nous-mêmes, et après commence le long et fastidieux travail pour récupérer la mise. 1 253 euros en suspens, un peu plus d'un an de déplacements en tout genre.

Je suis chercheur, je bosse sur les conséquences du réchauffement climatique, je vais vous faire grâce de l'intitulé de ma thèse, j'ai fait à peu près dix ans d'études après le bac et ce soir je me fais chier à remplir des formulaires administratifs au lieu de potasser des articles ou de profiter simplement de ma famille, enfin ce qu'il en reste car à cette heure-là tout le monde est couché...
Lorsque j'étais post-doc j'écoutais de loin les jérémiades des chercheurs établis, je devais faire des efforts pour être solidaire mais franchement je ne voyais pas où était le problème, la recherche française était encore un écrin d'indépendance et d'absolu scientifique qui faisait des envieux dans un monde qui réclamait déjà du concret, c'est-à-dire un retour sur investissement. Ils avaient raison, les signes étaient déjà là, aveuglé par ma fringale de reconnaissance, je ne les percevais pas ou ne voulais pas les voir.
Maintenant je sais. On passe notre temps à rédiger des projets qui ne seront pas

retenus. Je crois que c'est Oscar Wilde qui disait *« On ne sait pas d'où viennent les récompenses »*, dans la recherche française on doit savoir, il vaut mieux pour vous que vous le sachiez. Être scientifique doit se doubler d'une prédisposition géniale à savoir se vendre. Pipeauter. Rendre l'ingrat sexy, ou carrément rédiger des projets déjà réalisés ou en passe de l'être et récupérer le financement pour un autre dont on est sûr qu'il ne passera pas. Comment savoir à l'avance les retombées de nos travaux ? L'histoire de la recherche est jalonnée de succès dont le terreau originel fut l'échec. Combien de travaux ingrats, transmutés en impasses, ont servi de tremplin pour d'autres ?

Le mot *fondamental* a disparu du vocabulaire scientifique, vous avez remarqué ? On n'ose plus, c'est devenu un gros mot.

L'ANR est une bonne idée en soi, mais sans argent elle devient une machine à dire non, 90 % des projets sont recalés.

J'ai peine à croire que les scientifiques français travaillent à 90 % sur du n'importe quoi qui ne mérite aucun soutien financier. Ce serait ballot.
Je n'ose imaginer le coût de nos heures cumulées passées devant un écran à essayer de persuader une entité étrangère de la pertinence de nos travaux. Et si l'on additionne à ces heures perdues leurs cousines passées à se faire rembourser les frais de mission, on en arrive à des centaines de millions d'euros foutus en l'air. C'est pour cela que le but de ces réformes n'est pas une meilleure gestion des dépenses publiques, car actuellement nous gaspillons des dizaines de milliers d'heures à faire autre chose que ce pour quoi nous avons été formés et même très bien formés, la France fait sortir chaque année d'excellents chercheurs qu'elle s'évertue après à empêcher de travailler.
Le but, sans doute, est de faire du monde scientifique un auxiliaire du grand commerce et de l'industrie, d'étudier ce qui,

à plus ou moins court terme, peut s'avérer lucratif. Parfois, quand je suis énervé, j'ai envie de dire aux politiques et à ceux qui les manipulent d'aller au bout de leur démarche, dites-nous clairement, franchement, ce que l'on doit étudier et, pendant que vous y êtes, sélectionnez ceux d'entre nous que vous pensez être compétents pour mener à bien ces missions téléguidées. Allons rapidement au bout de cette orientation, plus vite on y arrivera et plus tôt on se rendra compte du caractère suicidaire de cette mise au pas de la science et plus tôt nous reviendrons à l'intelligence et l'esprit d'une démarche scientifique digne de ce nom.
Qui est habilité à décider de l'excellence ? Qui ? Franchement ! Donnez-moi le nom et le CV d'une personne ou même d'une confrérie qui selon vous pourrait discerner le bon grain de l'ivraie. Personnellement je serais bien incapable de vous expliquer clairement ce que font mes collègues de l'étage du dessous.

Financer la recherche c'est à fonds perdu, dès que l'on veut y retrouver ses billes on transforme la communauté scientifique en secteur recherche d'entreprise.
On régresse, on est passés de la 10e à la 13e place dans le classement mondial du financement de la recherche, les recrutements stagnent, on se paupérise tranquillement… On bricole, on s'arrange, on se démerde, on fait sans, ou avec, on remet à plus tard et puis fatigué, on laisse tomber en attendant la retraite et on se dit que les potes qui ont choisi le privé ou ceux partis à l'étranger avaient peut-être raison… et on reste l'âme ballante, rêvant d'un *Beagle* partant pour un second voyage.

Cette 5e puissance mondiale, ce pays qui est le mien répond au nom de France. Est-il doux ce nom ? Je ne sais pas, on dit toujours ce doux nom de France, doux comme un chez-soi retrouvé après les vacances, doux comme un truc qu'on connaît bien, qu'on a fini par piger, qu'on ne changerait pas pour un ailleurs où il faudrait tout recommencer. Elle a, dit-on, une grande histoire cette France. Une histoire faite de guerres, de révolutions, de paix, de guerre civile, de révolutions encore, de rois, de reines, d'échafauds, de martyrs qui ont hurlé leur foi dans les flammes, gardé le silence sous la torture, bombé le torse sous la mitraille, d'illustres inconnus qui ont accompli des prouesses dans l'ombre d'arrière-cours provinciales, des mères et des pères qu'ont sué leur peine pour donner de quoi manger à leurs petiots et de fieffées canailles qui ont accédé aux plus hautes marches du pouvoir, de savants, d'artistes qui ont su faire émerger de ce vivier informe et brutal, ce territoire cerné de frontières sanglantes, ce conglomérat d'intérêts et de commerce, une âme vibrante, donné un répertoire, ils nous ont livré de quoi dévisager le présent et se lever pour envisager l'avenir.

Ce pays qui est le mien a eu le génie de belles sentences faciles à retenir lorsqu'on arpente les chemins scolaires, *« Souviens-toi du vase de Soissons »*, *« Ralliez-vous à mon panache blanc »*, *« L'État, c'est moi »*, et puis un jour le peuple s'y est mis : *« Liberté, égalité, fraternité »*, trois mots et le concours des devises et des petites phrases fut plié. On y est allé en plusieurs fois avant d'oser la formule à trois temps, il y a eu des soubresauts et des retours en arrière, la Commune de Paris avait ajouté un *« ou la mort »*, qui en jetait.

Lorsqu'on a cette devise, tatouée dans le patrimoine, ça oblige.

Mais sommes-nous libres ? Sommes-nous égaux ? Agissons-nous les uns envers les autres dans un esprit de fraternité, nous qui sommes doués de raison et de conscience ? L'enseignement gratuit, laïc et obligatoire, ce n'était pas mal non plus, mais qui le croit encore ? Gratuit, on sait bien que non, il n'y a qu'à regarder les listes de fournitures scolaires pour s'en convaincre, laïc, on aimerait le croire encore, mais combien de temps l'école pourra-t-elle tenir face aux pressions religieuses donnant lieu à des débats où les plus grandes bassesses politiques viennent s'abreuver et se rouler dans la fange populiste... Obligatoire, on veut le croire, même si l'absentéisme de certains éléments perturbateurs laisse respirer un peu l'ambiance tendue et nerveuse des classes dites à problèmes.

Liberté, *égalité*, *fraternité* c'est simple, évident, on peut mourir pour ça, de mort lente si possible comme le chantait Brassens, mais quand même, c'est beau.

Je reste persuadé qu'il ne faut rien oublier de ce que l'on nous a appris à l'école. Il faut garder en tête ces mots de liberté, d'égalité et de fraternité et tous les autres qui ont été hurlés sur des tribunes par de grands hommes qui furent guillotinés peu de temps après les avoir prononcés.

Nous devons accepter de passer pour des ravis de la crèche, des idéalistes, des « mystiques », comme le PS en chemise rose se plaisait à qualifier le PS en bras de chemise, maintenant le PS n'a plus les moyens de railler personne. Nous devons combattre avec force les réalistes résignés, les pragmatiques de toutes obédiences, ceux qui prétendent appeler les choses par leur nom avec les airs sérieux de ceux qui savent, mais aussi ceux qui cherchent dans la réalité ce qu'ils veulent y trouver, tels de mauvais scientifiques qui polluent le champ expérimental de leur théorie préconçue, qui vous assènent leurs trouvailles keynésiennes en martelant du talon de leur langue les pupitres médiatiques, comme d'autres le faisaient avec leurs trouvailles collectivistes.

Ces mots, *liberté*, *égalité* et *fraternité*, doivent être notre quille lestée qui permet de tenir le cap et de se tenir droit. Soyons bons élèves, revendiquons ce que l'on nous a appris, ces principes qui nous valaient des notes et des devoirs, montrons à cette classe politique à bout de souffle que la république exige de l'idéal et que cet idéal n'est pas forcément un truc compliqué ou restrictif tout droit sorti d'un vieux livre à barbe. Cet idéal, c'est nous, notre désir de justice, que les choses soient justes, d'abord, après on verra, mais commençons par la justice. Je veux bien rêver à une VIe République et pourquoi pas déjà réfléchir à la VIIe si vous le voulez, mais si on réparait avant la Ve ? Soyons économes de nos républiques, ayons la république durable. Réparons celle-ci et une fois restaurée, si l'on constate encore des failles, alors envisageons la suivante.

Parfois j'ai le sentiment que nous sommes embarqués sur un gros bateau, nous nous déchirons sur la route à suivre, le cap à prendre et la voilure à déballer alors que nous avons des trous dans la coque, l'eau monte dans les cales, elle ralentit notre

« **Nous devons combattre avec force les réalistes résignés, les pragmatiques de toutes obédiences, ceux qui prétendent appeler les choses par leur nom avec les airs sérieux de ceux qui savent.** »

marche et souille nos réserves. Colmatons les brèches, évacuons l'eau, larguons par-dessus bord les vieilles choses mouillées et hors d'usage et ensuite viendra le temps de se pencher sur le trajet. La colère nationale et la défiance qui font voter le « couillon qui en a ras le bol » viennent de ce qui ne fonctionne plus. À force de subir les aléas du moteur, on finit par donner un coup de pied dans la roue, ça ne sert à rien mais sur le moment ça soulage. Les outils qui doivent nous protéger ne nous protègent plus ou mal, et s'altère ainsi, chaque jour qui passe, ce sentiment de liberté, d'égalité et de fraternité.

Certains à gauche comme à droite cherchent à profiter de cette colère et ce désarroi populaire pour donner un coup de pied dans le système, système dont ils jouissent pourtant grandement, comme nous le prouvent les déclarations de patrimoine des deux leaders politiques les plus fervents défenseurs du coup de pied dans la fourmilière que sont Marine Le Pen et Jean-Luc

« La meilleure façon de faire grincer le système est d'être intransigeant, bien faire son boulot, voilà l'acte quasi révolutionnaire. »

Mélenchon qui se trouvent être les candidats à la présidentielle les plus richement dotés. Leur tactique n'a pourtant rien renversé, le Front national, malgré un score historique, ressort de cette élection divisé, en proie au doute, symboliquement représenté à l'Assemblée nationale, et la France insoumise, malgré un score important, rageuse, bien obligée de se rendre compte qu'on ne gagne pas seul, qu'elle n'est ni à l'Élysée, ni à Matignon, consciente qu'avec un peu moins de morgue et de mépris elle serait peut-être au pouvoir actuellement, contrainte de faire du bruit pour faire oublier qu'ils ne sont que 17 députés. Les règles du jeu des présidentielles ainsi que des législatives leur étaient pourtant connues, ils n'ont pas découvert celles du scrutin majoritaire en cours de campagne, leur stratégie renversante sans alliance n'était donc visiblement pas la bonne.
Les Français, de toute évidence, n'avaient pas envie de renverser la table. J'ai le sentiment qu'ils n'ont pas de reproches

structurels à adresser au pays, ils veulent que ça marche, que l'emploi soit au bout de la méthodologie, que l'État fonctionne, c'est-à-dire la justice, l'enseignement, la santé, la police, tout ce qui peut tempérer la loi du plus fort, du plus malin, du plus riche, du plus mondain, du plus roublard, du plus truand, tout ce qui fait baisser les bras.

Réparer la France.

La meilleure façon de faire grincer le système est d'être intransigeant dans l'exercice de son travail, bien faire son boulot, voilà l'acte quasi révolutionnaire à portée de tous. Que l'on soit maître d'école, infirmier, soldat, cheminot, policier, il suffit de se faire une haute estime de sa profession et de la mission auprès du public qu'elle suppose pour très vite emmerder considérablement sa hiérarchie, tous les métiers de la fonction publique ont été paupérisés, conduits dans des impasses financières afin de les rendre obsolescents et ainsi rendre plus évident et « naturel »

le remplacement par le secteur privé, une sorte de vente à la découpe des services publics.
Les nombreux suicides dans la fonction publique en sont autant de preuves, il y a en chaque fonctionnaire un Mohamed Bouazizi qui sommeille et d'ailleurs dans la 5e puissance du monde, une personne s'immole par le feu tous les quinze jours en silence, sans médias... mais le pays ne se soulève pas.
Un facteur qui veut bien faire son travail est obligé de désobéir aux règles de management actuelles, il y a encore des temps pas si lointains un fonctionnaire des postes pouvait gérer sa tournée comme il l'entendait, le but étant que le courrier soit livré, il pouvait rester dix minutes pour parler de la pluie et du beau temps avec une solitude pliée en deux sur une canne, rendre deux ou trois services au passage, et rattraper son retard par la suite, il avait une autonomie, maintenant son parcours est chronométré, plus

« On a jeté une poignée de graines pour que le pigeon de gauche puisse picorer en gloussant, l'échine courbée et le croupion en l'air. »

le temps de papoter, ni de faire le tour du jardin, en revanche la Poste est fière de nous annoncer la création d'un nouveau service d'aide à la personne : « Veiller sur mes parents » à partir de 19,90 euros par mois, un employé aussi naturel qu'un vendeur de télé-achat passera faire un petit coucou à vos parents une, deux, quatre ou six fois dans la semaine, un temps de disponibilité autrefois naturel et gratuit qui se monnaye aujourd'hui par un abonnement mensuel avec option Scrabble, rami et célébration d'anniversaire.
Tout ce qui a été mis en place depuis des lustres pour rendre notre société plus juste, plus égalitaire, plus respectueuse de chacun est abîmé, dévalorisé, puis ringardisé et enfin privatisé au nom du progrès, du pragmatisme économique, de l'efficacité, de la dette publique et j'en passe.
Ce combat est mené consciemment, précisément, méthodiquement, ce n'est pas une mutation génétique de notre politique, ce n'est pas une conjonction de facteurs

contre lesquels on ne peut rien comme la météo. Non, il y a eu des étapes, des glissements orchestrés par des individus qui ont étudié comment sortir de l'ornière des avancées sociales de lendemain de guerre qui frottent et freinent l'économie de marché. C'est de la prédation. Rien n'est là par hasard. Premier choc pétrolier, j'avais 8 ans, Pompidou dirigeait la France en fumant des cigarettes, tout d'un coup plus rien n'est simple, le travail, se déplacer, les finances du pays... L'angoisse règne ! Tout allait bien et tout devient stressant, l'avenir s'assombrit, je suis un enfant de cette ombre portée.
Tous les journaux télévisés de mon enfance jusqu'à maintenant n'ont parlé que du prix de l'énergie et du chômage. La société ne m'a vendu que de l'avenir incertain et du pragmatisme, le rêve je l'ai eu grâce au théâtre. Je suis allé le chercher tout seul.
1981, la gauche rassemblée autour de François Mitterrand gagne l'élection présidentielle, liesse populaire, et pourtant jamais

la France n'a connu un virage libéral aussi sévère, privatisations, et surtout, surtout, financiarisation de la dette publique, le doigt dans l'engrenage. En échange on a jeté par terre une poignée de graines pour que le pigeon de gauche puisse picorer en gloussant, l'échine courbée et le croupion en l'air, l'équation « Mitterrand = abolition de la peine de mort » fonctionne encore, c'est même devenu le $E = mc^2$ de la gauche nostalgique, pourtant il n'y avait rien de courageux ni de précurseur dans cette abolition, de nombreux pays européens l'avaient votée sans tambour ni trompette, sans Badinter, sans invoquer la grande histoire qui s'écrit devant vous, braves gens. Parmi le mélange pour volatiles jeté à la volée figuraient la hausse du budget de la Culture, le RMI et pendant que nous picorions en roucoulant d'idéal la libéralisation des services publics était en marche, on passait d'usager à client en pleine Tontonmania, on nous affichait au secours, la droite revient pour mieux cacher qu'elle était déjà là. Le Conseil national de la Résistance a tenu bon jusqu'à l'arrivée de la gauche au pouvoir. Finalement l'élection de François Mitterrand, l'idole de Jean-Luc Mélenchon, rappelons-le, est peut-être ce qui pouvait arriver de pire à la gauche, cette victoire a poussé en avant toute une génération d'hommes et de femmes omniprésents depuis dans les instances de la République, tenant à nous prouver qu'ils savaient gouverner, des pragmatiques, ce fameux regard lucide posé sur la ligne bleue de la réalité. À l'Assemblée, à la tête des régions, dans les ministères, partout, ils sont allés souvent beaucoup plus loin que la droite n'aurait osé le faire avec une gauche unie et mordante dans l'opposition. À force d'occuper les postes clefs du pays, à force de soirées entre soi, la plupart s'accrochant au pouvoir et aux salaires qui vont avec, ils ont démantelé ce que nos aînés après le grand massacre de 39-45 ont tenté de mettre sur pied, une société juste.

La collaboration massive du patronat français a prouvé que le sens des affaires n'a pas grand-chose à voir avec celui de la république et de ses valeurs. Il est vain d'imaginer que le monde de l'entreprise peut tirer des leçons du passé et nous proposer un chemin vers un monde meilleur, le principal et peut-être le seul moteur de l'entreprise est la rentabilité, si la rentabilité va dans le sens d'un avenir radieux, tant mieux, mais si la rentabilité est du côté du pire, elle ira vers le pire, avec tout un argumentaire économique et social à nous déballer. Pierre Gattaz a beau se draper en Moïse revenant de l'entreprise Sinaï avec les Tables de la Loi, tant qu'il ne sera capable d'aucune colère contre les pratiques managériales inhumaines, porteur d'aucun projet de loi contre ses confrères polluants, d'aucune proposition de sanctions contre ses confrères complices des pires régimes politiques, ses confrères fraudeurs du fisc, ses confrères corrupteurs, il restera un activiste libéral sans envergure comme son père.

Il est évident que l'État doit donner un cap, et pour donner un cap il faut être étanche aux pressions. Et c'est bien là que le bât blesse car notre système judiciaire, seul moyen de calfeutrer nos institutions, de protéger nos grands principes appris par cœur, va mal, et en écrivant cela je viens de faire le plus grand euphémisme du monde. Le bilan judiciaire français est catastrophique, indigne et honteux, les gouvernements successifs ont soigneusement entretenu sa ruine, une justice pauvre est une justice inefficace et donc malléable, certaines carrières politiques sont là pour nous le rappeler.

En Angleterre tout est autorisé sauf ce qui est interdit, en Allemagne tout est interdit sauf ce qui est autorisé, en Russie tout est interdit, même ce qui est autorisé, et en France tout est autorisé, même ce qui est interdit, résumait Churchill. Derrière cette formulation lapidaire et cruelle se cachait malgré tout, déjà, un fond de vérité.

Notre pays n'a aucune leçon de probité à donner étant donné le rang qu'il prétend tenir sur l'échiquier mondial contre vents économiques et marées diplomatiques.
Dans le classement des pays du monde selon leur indice de perception de la corruption publié par Transparency International, en 2016 la France n'apparaît qu'à la 23e place, coincée entre l'Estonie et les Bahamas, 22 pays sont mieux notés que la France. La Commission européenne pour l'efficacité de la justice (CEPEJ) nous livrait son classement de la justice en Europe : son tableau de bord, un comparatif de l'efficacité, de la qualité et de l'indépendance des systèmes judiciaires des 28 États membres mais également vis-à-vis des pays extra-européens. Le bilan est consternant, nous sommes en droit de nous demander si la France est toujours un État de droit.
Quelques chiffres : pour les budgets alloués à la justice nous pointons à la 15e place avec 64 euros par habitant contre 146

en Allemagne ou 179 au Luxembourg, pour les effectifs nous sommes 38e sur 46 avec 10,5 juges professionnels pour 100 000 habitants, la moyenne sur l'Union étant de 21,1 juges pour le même ratio d'habitants, un Français devant attendre en moyenne trois cent cinq jours pour voir son cas jugé en première instance contre dix-neuf jours au Danemark ou quatre-vingt-onze en Suède, 94 avocats pour 100 000 habitants contre 368 en Italie. La France n'est pas ou n'est plus un État de droit au cas où elle l'aurait été un jour, nos dysfonctionnements judiciaires feraient perdre 250 000 emplois par an au pays.

37e sur 43 pays européens, nous sommes après l'Arménie et l'Azerbaïdjan. On comprend mieux la formule acerbe de Churchill, et les carrières de nombre de nos hommes politiques.

Depuis les années 1980, au moins 120 affaires ont fait la une des médias impliquant notre personnel politique jusqu'au plus haut niveau de l'État, certaines sont jugées, d'autres sont encore dans les méandres d'un appareil judiciaire français à bout de souffle et perpétuellement au bord de la faillite. Au moins une trentaine d'affaires médiatiques par décade, comme autant d'arbres cachant d'immenses forêts, car localement, l'exemple venant d'en haut, on s'en donne à cœur joie, prises illégales d'intérêts, emplois fictifs, faux et usages de faux, marchés publics truqués, financements occultes de partis politiques ou de campagnes électorales, pots-de-vin, enrichissements personnels, abus de pouvoir, les chefs d'inculpation sont nombreux mais tous révèlent un fonctionnement de l'État défaillant. Les projets de moralisation de la vie politique, même lorsqu'ils sont sincères, n'ont pas l'ampleur qu'ils devraient avoir pour réformer réellement nos pratiques et nos usages. Mais est-il raisonnable de demander à nos représentants politiques de travailler en profondeur et

« Un malaise écœurant domine, vient corrompre les débats, donne mauvaise haleine aux beaux principes et l'envie de s'asseoir un siège plus loin. »

efficacement sur des lois qui remettraient en cause leurs si mauvaises habitudes ?
Les Français sont majoritairement convaincus que leurs représentants politiques sont corrompus. Ce sentiment de malaise écœurant domine, il vient corrompre nos débats, il donne mauvaise haleine aux beaux principes prononcés, il fait sentir la république sous les aisselles et donne envie de s'asseoir un siège plus loin.
Derrière les costumes très bien coupés, les chaussures brillantes et les coupes de cheveux parfaites se cachent des consciences monarchiques, du droit divin, du sang bleu, du fait accompli, du passe-droit et du coupe-file, du « Faites comme je le dis, pas comme je le fais ».
« L'homme [...] a des vêtements, parce qu'il n'est plus chaste », disait Rimbaud. Et le coût de certains ensembles laisse imaginer l'impudeur des uns et la lubricité des autres.
Nous vivons sous un pic de corruption permanent, la probité française a les poumons encrassés, Christiane Taubira a beau faire

du vélo, elle s'abîme les bronches comme ses confrères et consœurs qui tentent l'aventure de la vertu et l'inconscient courage de la cohérence. Les déroutes judiciaires occasionnent des dégâts qui sévissent bien au-delà des quelques-uns qui faisaient leur apprentissage sous l'aile protectrice du fautif, tel un virus, elles infectent la classe politique dans son ensemble, et comme eux, en sortant du crachin d'une chauve-souris, elles tuent l'espoir d'une tribu. Les populations des forêts rendaient tabou tout village dévasté par le mal, ce faisant elles le circonscrivaient et empêchaient toute propagation du virus. Il convient de faire pareil, nous devons empêcher la propagation, le poison du doute de se répandre, il nous appartient d'éliminer définitivement tout responsable politique des instances républicaines, plus de mandat électif, plus de responsabilité locale ou nationale, plus le droit de siéger dans un conseil d'administration en tant que représentant de l'État, tout fautif doit être définitivement tenu à l'écart des institutions publiques, car conduire les affaires de l'État n'est pas un métier comme un autre, prétendre administrer une commune, un territoire ou une institution ne fait pas de vous un salarié comme un autre, un citoyen comme un autre, vous avez, dès lors que vous êtes nommé ou élu, une mission et un devoir, vous avez dans votre cartable de député ou de sénateur une partie de l'honneur du pays, de la confiance du peuple, vous signez un pacte avec la nation, son histoire, ses héros, ses martyrs, ses inconnus magnifiques de courage dans les mines et les champs, vous êtes sous le regard des plus grands poètes, vous vous devez de sentir le souffle de Hugo dans votre nuque lorsque vous reprenez le soir à la maison votre intervention du lendemain, le silence d'une voiture de fonction prenant le chemin de l'Assemblée au matin doit vous faire entendre faiblement dans votre oreille libre de téléphone les râles de

Jean Zay agonisant dans son trou, et Jean Moulin retient ses cris de supplicié lorsque vous intervenez enfin dans l'Hémicycle.
L'or et le rouge de la République ne sont pas là pour vous flatter, le rouge est le sang du peuple et l'or brille de sa sueur laborieuse.
Alors non, définitivement non, le politique n'est pas un citoyen comme un autre, il a plus de devoirs et de responsabilités que les autres, et c'est pour cela qu'il n'est pas un justiciable comme un autre, il appartient à la justice et à elle seule d'apprécier la gravité des faits reprochés et des peines méritées, mais il nous appartient à nous et à nous seuls de rendre ce pays moins sale et moins ridicule aux yeux du monde.
Parfois je me dis que les choses peuvent être simples, la politique peut être simple, par exemple lorsqu'on veut une société plus juste, on privilégie, devinez quoi ? la justice, or celle-ci est précisément le résultat d'une pression invisible mais efficace du monde de l'argent sur celui du droit.
Depuis des années, les médias, tant bien

que mal, nous ont laissés supposer que des marchés publics étaient certainement des prétextes à financement illégal de partis politiques, que la politique africaine de la France, la fameuse Françafrique, n'était rien d'autre qu'une immense pompe à fric dont Jacques Foccart fut le Herbert von Karajan.

Après toute une carrière politique au plus haut niveau, un ancien président de la République, Jacques Chirac, est logé à titre gratuit dans l'appartement d'un ancien dignitaire libanais sans que cela interpelle, on en a parlé, et si je le sais c'est qu'il y a eu des articles dans certains journaux, sûrement le plus libre d'entre eux, un volatile enchaîné, mais rien d'autre, quelques articles et passez votre chemin. Personne n'a eu l'idée de lui réclamer une partie des indemnités que les citoyens lui allouent pour se loger.

Les dépenses hallucinantes du Premier ministre François Fillon lorsqu'il était en fonction, déplacements, appartement de fonction, voiture blindée, etc., n'interpellent visiblement que *Le Canard enchaîné* et Mediapart, un peu plus loin dans d'autres pays moins corrompus que la France une chancelière décidant de passer la soirée au cinéma le fait sur ses propres deniers et s'y rend par ses propres moyens, il est étonnant de constater que ces hommes politiques français qui se réfèrent à l'Allemagne sur un ton d'évidence lorsqu'il s'agit d'avoir du « courage » et de faire preuve de « pragmatisme » en matière de réformes économiques, ne filent plus du tout la métaphore germanique sur le terrain de la probité et de la transparence. Engager un parent comme attaché parlementaire commence à peine à irriter l'épiderme du pays. Nous avons eu un ministre du Budget possédant un compte en banque non déclaré en Suisse et un autre, peu de temps avant lui, Éric Woerth, dont la femme travaillait dans une société de défiscalisation de la plus grande fortune française sans que cela ne lui pose aucun problème de conscience, il ne comprenait même pas que l'on évoque cet assemblage de professions pour le moins surprenant au sein du couple, mais ce qui est choquant c'est précisément qu'il ne trouvait pas cela choquant. Pourtant l'État français, lorsqu'il s'agit de sa défense, peut faire preuve d'intransigeance, un pilote de chasse me racontait sur une base bretonne au pied d'un de nos si chers Rafale qu'un de ses camarades de promotion, brillant élève et futur excellent pilote, s'était vu refuser l'habilitation secret-défense, indispensable sésame pour piloter ces objets volants à 101,1 millions d'euros et débordant de systèmes de pilotage ultrasecrets, véritables bombes volantes à ne pas mettre entre toutes les mains, cet apprenti pilote avait le tort d'être originaire du Maghreb et d'avoir une famille dans laquelle les services de renseignement français avaient réussi à identifier deux cousins plus que lointains ayant fréquenté les milieux extrémistes, il ne les connaissait pas, il n'avait jamais entendu parler d'eux, mais il ne pouvait réaliser son rêve de piloter ces engins stratégiques. Ainsi, pour certaines professions, il semble absolument primordial de s'assurer de la conformité du postulant et on peut le concevoir lorsqu'il s'agit d'armement, de sécurité ou de santé, quitte à commettre de possibles injustices, mais lorsqu'il s'agit de représenter le peuple français, d'être le représentant d'un territoire, lorsqu'il est question d'honneur et de probité, la France commence à peine à demander des déclarations de patrimoine, à ébaucher bien timidement des lois de transparence et d'éthique.

« *Why is France so corrupt ?* » titrait le bimestriel américain *Foreign Policy* au plus fort des rumeurs judiciaires de notre campagne électorale.

Cette question, chaque citoyen devrait se la poser tous les jours. Nous avons la classe politique que l'on mérite, paraît-il, alors

nous devons serrer «*la haire avec la discipline*» car il y a du relâchement.
Bien sûr, l'argent n'a pas d'odeur «*mais pas d'odeur vous monte au nez*», chantait Jacques Brel, il serait urgent de lui trouver une fragrance qui puisse se révéler, un marqueur, une traçabilité, comme le gaz de ville.
Nous avons rasé des châteaux pour autoriser des retraites dorées aux monarques républicains, nos présidents déchus en errance tels des rois Lear conservant leur garde rapprochée, se rédigeant un protocole, s'allouant un trône constitutionnel et sondant *via* la Sofres l'amour de leur progéniture. Nous rêvions jadis d'une justice équitable et pour la symboliser nous lui avions collé un bandeau sur les yeux, indifférente aux apparats de la personne jugée, et pourtant il est un ministère dans ce pays, celui des Finances, qui s'arroge le droit hallucinant de lui soulever le bandeau, et même pire, de lui demander de se retirer pour officier à sa place,

c'est ce que l'on appelle le « verrou de Bercy ». Cette atteinte majeure au principe de la séparation des pouvoirs, ce dispositif qui rend possiblement hors la loi tout agent de l'administration fiscale tenu par l'article 40 du code de procédure pénale de dénoncer toute pratique frauduleuse concernant l'imposition, tout délit fiscal au procureur de la République, ce sera pour une autre séquence politique car nos intègres députés n'ont pas souhaité, malgré des amendements allant dans ce sens, déverrouiller Bercy.
Et ce palais de l'Élysée, qui de par son style, son emplacement, son histoire, son ergonomie politique est la demeure la plus improbable qui soit pour un *« résident de la République »*, comme le chantait Alain Bashung, tout en lui jure avec la mission et respire l'Ancien Régime. La cour de cette demeure transforme sans coup férir les plus fervents de nos gardes républicains en bataillon de Cent-Suisses. Nous jonglons en permanence avec ces paradoxes qui

affaiblissent le charisme laborieux et volontaire de la France. Cette schizophrénie nous ronge et nous agace. On estime que la fraude fiscale fait perdre chaque année entre 60 et 80 milliards d'euros au pays, une somme considérable en ces temps d'économies sur le dos des plus faibles. Réparer la justice dans ce pays, c'est investir.
Depuis toujours la France a formé d'excellents scientifiques, des chercheurs qui ont modélisé le monde de demain. Forcément, un économiste un jour a dû pondre un rapport en disant que cette économie basée sur le pétrole-roi se fragiliserait à un moment ou à un autre. Un scientifique a certainement écrit une thèse sur l'impasse productiviste, quelque chose disant que le prélèvement toujours plus intensif des matières premières se heurterait fatalement à une élévation des coûts, donc à une crise économique à plus ou moins longue échéance, je suis certain que ces rapports en tout genre concernant

la santé, l'environnement, l'éducation, la démographie ont circulé de main en main et ont terminé leur course sur des acajous ministériels.
Rien de ce qui nous arrive n'était imprévisible. On savait en 1952 combien on serait de Français en 2017 à deux ou trois unités près, c'est évident.
Notre situation actuelle, les impasses et les dilemmes qui nous sont posés d'un point de vue économique, sociétal ou environnemental ont été imaginés, théorisés, calculés et chiffrés par des gens dont c'était le métier et la mission et que nos dirigeants ont méticuleusement ignorés pour des raisons ne concernant que leur présent teinté de corruption et de lobbies, le lobbying n'étant que la face autorisée de la corruption, comme l'optimisation fiscale est la version légale de la fraude fiscale, le souverainisme, la face politiquement correcte à gauche du nationalisme, l'antisionisme, la version prétendument objective de l'antisémitisme. C'est à se

demander si la république à la française ne consiste pas à mettre des mots acceptables sur de l'éternel inacceptable.
« Le moyen d'acquérir la justice parfaite, c'est de s'en faire une telle habitude qu'on l'observe dans les plus petites choses, et qu'on y plie jusqu'à sa manière de penser. »
Cette phrase de Montesquieu devrait être gravée dans le marbre de l'Assemblée nationale.
Reconstruire la France, chercher à redresser son économie et son industrie, la lancer dans une politique volontariste pour lutter contre le changement climatique sans réparer d'abord et avant toute chose son système judiciaire et ses déclinaisons dans tous les arcanes de la société, le travail, la finance, la santé, me semble une entreprise vouée à l'échec.
Nous devons impérativement retrouver confiance en la justice. Ce socle commun sans lequel notre devise est condamnée à n'être composée que de trois mots abstraits… Il flotte dans ce pays un désamour

qu'Albert Camus résume ainsi : « *La longue revendication de la justice épuise l'amour qui pourtant lui a donné naissance.* »
Je ressens au plus fort de mon être cette fatigue française, une lassitude, un découragement, les missions de service public dévoyées, le travail harassant qui ne paye pas, le manque de moyens et de personnel, un chômage très important d'un côté et des travailleurs pressurés de l'autre, et puis devant nous ce tsunami planétaire qui se prépare, des changements climatiques, des bouleversements sans précédent sont en cours, inévitables, inéluctables, on le sait tous, nous qui sommes devenus le mauvais temps.

Pardon, mes chers arrière-petits-enfants, j'ai ma part de responsabilité dans ce fiasco planétaire qui est votre quotidien. Puissiez-vous nous pardonner, mais je serais vous, je ne pardonnerais rien. Nous sommes inexcusables.

Sources

Dans ce livre ont été reproduites des citations de :

- p. 120 : Arthur Rimbaud, « Soleil et Chair », *Cahier de Douai*, Carrés classiques, Nathan, 2016 ;
- p. 128 : Molière, *Le Tartuffe*, III, 2, Folio classiques, 2013 ;
- p. 128 : Jacques Brel, « Voir un ami pleurer », *Les Marquises*, 1977 ;
- p. 129 : Alain Bashung, « Résidents de la République », *Bleu pétrole*, 2008 ;
- p. 132 : Montesquieu, *Pensées et fragments inédits*, vol. 1, Hachette livre BNF, 2017 ;
- p. 133 : Albert Camus, « Retour à Tipasa », 1952, *in Noces* suivi de *L'Été*, Folio, 1959 ;

- p. 94, « L'ANR recale 90 % des projets scientifiques », Sylvestre Huer, *Libération*, 2014 ;

- p. 116 et 117, les chiffres proviennent du site de Transparency International (www.transparency.org), du rapport « Systèmes judiciaires européens. Efficacité et qualité de la justice », *Études de la CEPEJ*, n° 23, édition 2016 (données 2014) ainsi que de l'article « La justice française 37e sur 43 pays européens ?! » publié sur Mediapart par Armenante, le 9 mai 2015.

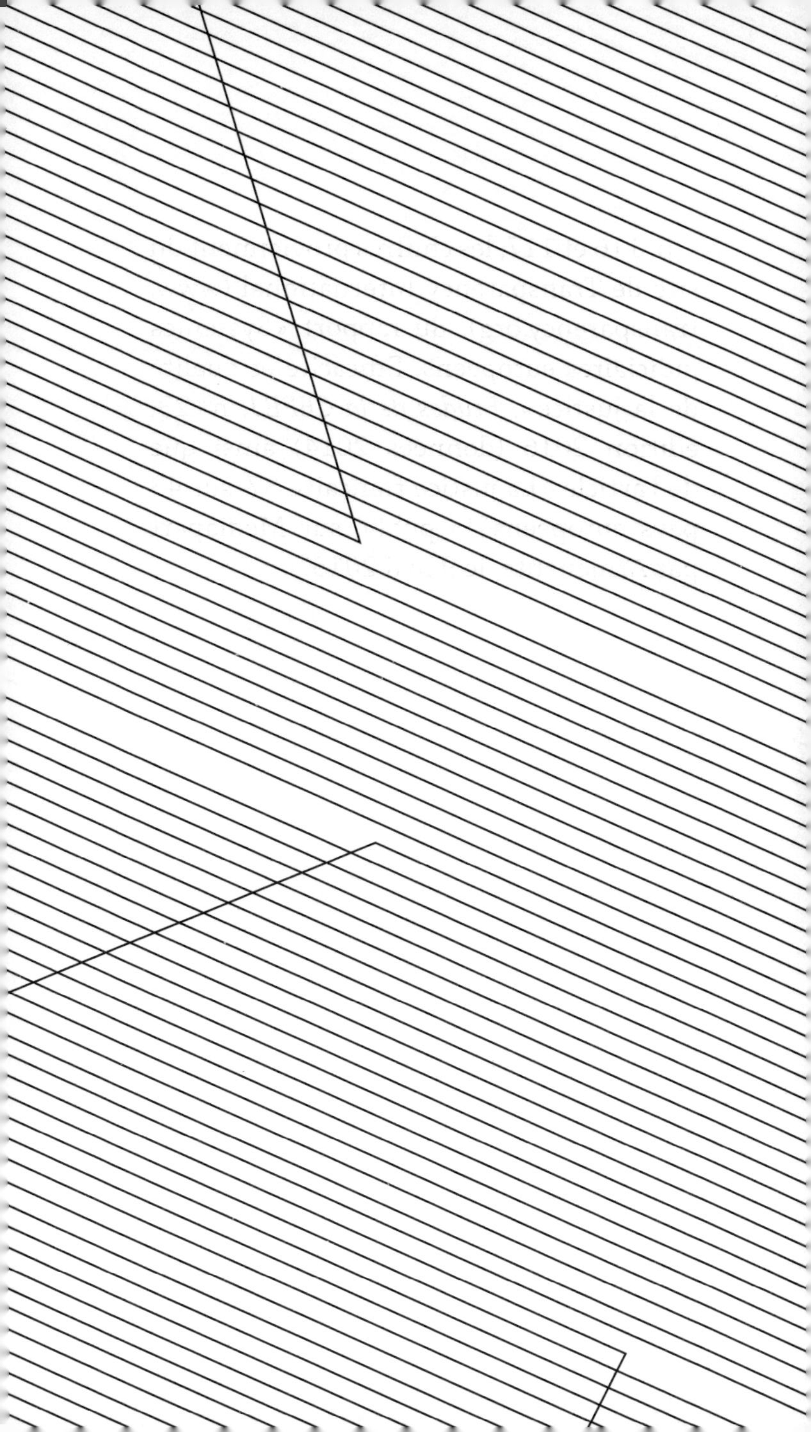

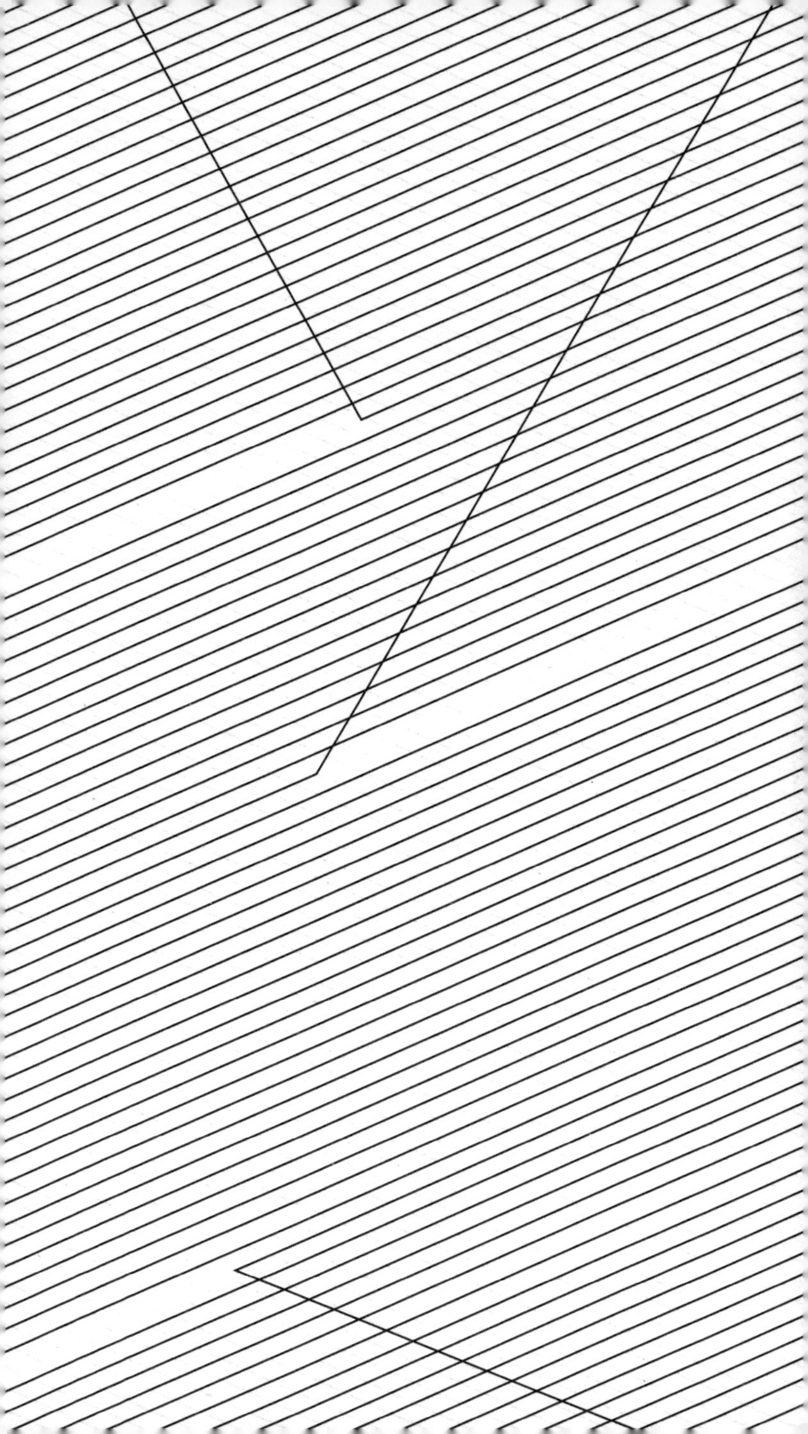

MIXTE
Papier issu de sources responsables
FSC® C003309

Les papiers utilisés dans cet ouvrage
sont issus de forêts responsablement gérées.

Achevé d'imprimer en novembre 2017
sur les presses de la Nouvelle Imprimerie Laballery
58500 Clamecy
Dépôt légal : février 2018
N° d'impression : 603121

Imprimé en France

La **N**ouvelle **I**mprimerie **L**aballery est titulaire de la marque Imprim'Vert®